ガバナンスと評価 9

行政改革と
行政責任

鏡　圭佑 著

晃洋書房

目　次

【第 1 章】
行政責任論における事例研究の全体像 …………………… 1

【第 2 章】
行政責任論における事例研究の必要性 …………………… 7
　＋　は じ め に　（7）
　＋　1．行政責任論の展開　（9）
　＋　2．行政責任論の問題　（20）
　＋　3．行政責任論における事例研究の構想　（25）

【第 3 章】
日本における行政改革の事例研究 ………………………… 35
　＋　は じ め に　（35）
　＋　1．責任概念を用いた分析枠組みの構築　（37）
　＋　2．第一臨調における行政の責任　（42）
　＋　3．第二臨調における行政の責任　（46）
　＋　4．行革会議における行政の責任　（51）
　＋　お わ り に　（58）

【第 4 章】
先進各国における行政改革の事例研究 …………………… 63
　＋　は じ め に　（63）
　＋　1．先行研究における課題と事例研究の方針　（65）

2．分析の枠組みの構築　(67)

　　3．先進各国における行政改革　(71)

　　4．行政責任論の概念を用いた考察　(80)

　　おわりに　(93)

【第5章】
行政組織の設置と行政責任論の関係をめぐる予備的考察 ⋯⋯ 97

　　はじめに　(97)

　　1．行政組織の設置をめぐる先行研究　(99)

　　2．行政責任論において行政組織の設置が有する意義　(102)

　　3．行政組織の設置を対象にした事例研究の方向性　(112)

　　おわりに　(114)

【第6章】
日本における庁の設置の歴史を対象とした事例研究 ⋯⋯⋯ 117

　　はじめに　(117)

　　1．事例としての庁　(118)

　　2．庁の責任の内容を把握するための枠組み　(123)

　　3．内閣における庁の設置と行政責任　(128)

　　おわりに　(154)

【第7章】
行政責任論の展望 ⋯⋯⋯⋯⋯⋯⋯⋯⋯⋯⋯⋯⋯⋯⋯⋯⋯⋯ 161

　　1．各章における議論の要約　(161)

　　2．本書の意義　(166)

　　3．本書の課題　(168)

あとがき (171)
初出一覧 (176)
参考文献 (177)
索　　引 (189)

第 1 章 行政責任論における事例研究の全体像

　本書では，行政責任論における事例研究の方針を構想し，実践する．行政責任論における事例研究とは行政責任論の概念あるいは考え方を用いて，行政活動の実態の把握を試みる研究を意味する．この方針に基づく研究の実践を通じて，行政責任論が抱える理論研究への偏重という問題が克服される．本書では，総合的な行政改革および行政組織の設置を対象に事例研究を実施する．研究の全体像は第 2 章において詳述するが，ここでは第 2 章よりも包括的な観点から本書の問題意識，研究方針および研究の構成を提示する．

　行政責任論は，行政学における 1 つの研究領域である．行政責任論では国民および議会が行政に抱く価値と現実の行政活動との間にある溝を埋める営為が研究の対象となる．行政責任論は，1930 年代のアメリカ行政学において誕生した．当時のアメリカ政府では，行政国家化という現象のもとで影響力を拡大する行政の責任をどのように確保するのかが問題となっていた．この問題に関する研究が蓄積されていくなかで，行政責任論は確立されていった．日本でも行政国家化の問題が生じていたため，戦後初期の段階から日本の行政学では行政責任論の研究が展開されていた．

　行政責任論では，行政をめぐる規範的な問題に対する関心に基づいて研究が進められてきた．具体的には，行政はどのような内容の責任を追求すべきなのか，あるいは行政の責任をどのように確保すべきなのかが考察されてきた．他方で，行政学におけるほとんどの研究領域では行政活動の実態を把握するという実証的な関心のもとで研究が進められてきた．そのため，こうした規範的な

関心は行政責任論に独特であるといえる．

　しかし，行政責任論には理論研究への偏重という傾向があり，その傾向によって問題が生じている．理論研究とは，行政責任論の概念それ自体の考察を目的とする研究の方針を指す．たとえば，日本の行政責任論ではレスポンシビリティおよびアカウンタビリティといった行政責任を確保する方法を表す概念を精緻化する研究，あるいはほかの研究領域における成果を導入することで，2つの概念を修正する研究が取り組まれてきた．第2章で詳述するように，日本の行政責任論の先行研究のほとんどは理論研究である．確かに，責任という複雑かつ規範的な概念を取り扱う以上，行政責任論にとって理論研究は必要不可欠な作業である．しかし，理論研究のみを続けることで，問題が生じる．

　行政責任論が理論研究に偏重することで，行政学においてその意義に対する認識が低下するおそれがある．上述のように，行政学の多くの研究領域では行政の実態の把握に関心が置かれる．他方で，行政責任論は行政の責任に関する概念を概念のまま研究する傾向にある．行政の実態の把握をめぐる関心の違いが顕著になるほど，行政学の多くの研究領域において行政責任論の成果が参照されなくなり，その結果，行政責任論が行政学において有する意義が十分に認識されなくなるおそれがある．本書では行政責任論の意義を重視するため，こうした認識の低下は問題であると考える．

　この問題を克服するために，本書では行政責任論における事例研究という方針を構想し実践する．行政責任論における事例研究とは，行政責任論の概念あるいは考え方を用いて行政活動の実態を考察することを目的とする研究の方針を指す．その定義から，行政責任論における事例研究は行政学の多くの研究領域と共通の関心を有することがわかる．そのため，理論研究に偏重した行政責任論と行政学の多くの研究領域との間にある溝を埋める役割をこの事例研究に期待できる．

　本書では，総合的な行政改革および行政組織の設置を対象に事例研究を実践する．まず，総合的な行政改革を事例にし，つぎに，個別的な改革手法として

行政組織の設置を研究する．これらの事例を選択することで，行政責任論の概念および考え方の有用性をより明確に提示できる．

　第1に，総合的な行政改革を対象にした事例研究を実施する．総合的な行政改革とは，執政制度，行政組織制度，公務員制度といった複数の制度の改革を含む大規模な行政改革を指す．取り上げる事例は，日本と先進各国の行政改革である．日本では，第一次臨時行政調査会，第二次臨時行政調査会，行政改革会議といった審議会によって総合的な行政改革が進められてきた．これらの審議会の答申をレスポンシビリティおよびアカウンタビリティの観点から読み解き，日本において行政の責任に対する考え方がどのように変遷してきたのかを明確にする．また，先進各国でも1980年代以降にLetting Managers ManageとMaking Managers Manageといった2つのスローガンに基づく総合的な行政改革が進められてきた．これらのスローガンを2つの責任概念を用いて包括的に整理し，行政責任論の観点からいくつかの問題を指摘する．

　第2に，行政組織の設置を対象にした事例研究を行う．具体的には，行政改革における特定の手法のなかでも行政組織の設置に着目し，事例研究を実施する．行政組織は行政活動の基本的な単位である．したがって，行政は国民および議会が重視する価値に応答するために，まずもって自らの組織体制を検討する．行政組織の設置の事例研究を実施するために，本書では予備的考察と日本の庁を事例にした実践を行う．行政改革と比べて，行政組織の設置が行政責任論に対して有する意義は直観的に把握しにくいため，予備的考察を実施する．具体的には，先行研究の批判的な検討，行政責任の過程において行政組織の設置が有する意義の明確化，今後の研究を進める際の方針の検討を行う．そして，予備的考察の成果に基づいて，日本における庁の設置の歴史を対象とした事例研究を実践する．具体的には，戦後から現在までをいくつかの時期に区分し，それぞれの時期に設置された複数の庁に共通する責任の内容を抽出する．さらに，それぞれの庁を事業庁，政策庁，調整庁および制度庁に分類し，すべての庁の責任の内容を概観する．

これらの研究をもって，本書では行政学における行政責任論の意義を検討したい．上述のように，行政学のなかでも行政責任論は行政の規範的な側面に対する関心に基づいて研究を展開してきた．この独自性は，行政学において行政責任論が果たす意義でもある．行政学における研究のほとんどが，行政に対する課題の指摘あるいは提言を最終的な目的としている．こうした活動を行うためには，何らかの規範的な観点への立脚が必要不可欠である．この規範を意識し，明確に表現するために，行政責任論の知見は有用になるであろう．したがって，行政責任論の意義に対する認識の低下には問題がある．この問題を克服し，行政責任論の有用性を再検討するために，本書では行政責任論における事例研究を実施する．

　最後に，本書の構成を簡潔に示しておく．

　第2章では，本書の全体的な問題意識および研究方針を明確にする．まず，アメリカおよび日本の行政学において行政責任論が展開され確立されてきた過程を概観する．つぎに，行政責任論の先行研究には理論研究への偏重という傾向があり，それがいくつかの問題の原因になることを指摘する．そして，これらの問題を克服する方針として，行政責任論における事例研究を構想し，本書においてそれをどのように実施していくのかを明確にする．

　第3章では，日本の行政改革を対象とした事例研究を実施する．日本の行政責任論ではレスポンシビリティおよびアカウンタビリティといった概念を対象とした理論研究が中心であった．第3章と第4章では，これらの概念を用いて行政改革を考察する．第3章では，第一次臨時行政調査会（以下「第一臨調」），第二次臨時行政調査会（以下「第二臨調」）および行政改革会議（以下「行革会議」）といった審議会の答申を2つの概念に基づいて読み解くことで，日本における行政責任観の変遷を把握したい．

　第4章では，先進各国の行政改革を対象とした事例研究を実施する．先進各国では1980年代以降に，Letting Managers Manage および Making Managers Manage といったスローガンに基づく行政改革が進められてきた．この行

政改革を対象にした行政責任論の先行研究はいくつか存在する．しかし，行政責任論における事例研究として見たときに，これらの先行研究には課題がある．そこで，先行研究よりも包括的な観点から1980年代以降の先進各国の行政改革を対象に事例研究を実施する．具体的には，2つのスローガンと2つの責任概念の対応関係を明確にし，行政責任論の観点から先進各国における行政改革の問題を包括的に指摘する．

　第5章では，行政組織の設置を対象とした事例研究に向けた予備的考察を行う．具体的には，第6章において事例研究を実践する前に，いくつかの重要な課題を検討する．まず，行政組織の設置を扱ってきた行政学および行政法学の先行研究が取り扱っていない領域を明確にし，行政責任論における事例研究によってその領域における研究が進められることを指摘する．つぎに，行政組織が行政責任を実現する過程を概観し，行政組織の設置が行政責任の契機として重要な意義を有することを明確にする．最後に，行政組織の設置を対象にした事例研究をどのように進めていくべきかを検討する．

　第6章では前章の方針に基づいて，日本における庁の設置の歴史を対象とした事例研究を実践する．ここでは，内閣が庁の設置を通じてどのような責任の確保に努めてきたのかを明確にしたい．そのために，2つの作業を実施する．第1の作業では，戦後から現在までを4つの時期に区分し，それぞれの時期において設置された庁に共通する責任の内容を特定していく．第2の作業では，それぞれの庁が果たしてきた責任の内容を事業庁，政策庁，調整庁および制度庁といった類型に基づいて，分類する．

　第7章では，本書の全体的な総括を行う．まず，第2章から第6章までの各章の作業を振り返り，研究全体の到達点を明確にする．つぎに，第1章および第2章において指摘した本書の目標をどの程度まで実現できたのか，あるいは実現する見込みがあるのかを検討する．最後に，残された課題を確認したい．この研究は行政責任論における事例研究の第一歩であるため，今後の発展的な研究につながる課題を列挙したい．

第2章　行政責任論における事例研究の必要性

┼ は じ め に

　本章では行政責任論における理論研究への偏重がもたらす問題を克服するためには，事例研究が有効であることを明確にする．この目的のために，行政責任論がどのような経緯を経て確立したのかを整理する．そして，行政責任論の先行研究には理論研究への偏重という傾向があり，その傾向から問題が生じるおそれがあることを指摘する．この問題の解決には行政責任論の事例研究が必要であることを明確にし，本書における事例研究の構想を提示したい．

　行政責任論は，行政学における一研究領域である．佐藤竺は，行政責任論では国民が抱く行政に対する価値と行政活動の現実との間にある溝を誰がどのように埋めるべきかが考察されてきたと定義する［佐藤 1983：1］．こうした定義から，行政責任論は価値および価値判断の側面といった規範的な性質を有すると指摘されてきた［西尾 1995：268-73］．この規範的な性質こそが，行政学における行政責任論の独特な意義を示している．

　行政責任論は，1930年代のアメリカ行政学において成立した．当時のアメリカでは行政国家化によって，政策過程における行政の影響力が拡大していた．強大化した行政の責任をどのように確保するかが，Carl J. Friedrich および Herman Finer によって論争された［Friedrich 1940；Finer 1941］．この論争を通じて，行政の責任を確保する方法が2つ存在することが明確になった．それ以

降，アメリカ行政学では Friedrich および Finer の責任概念を発展させる形で研究が進められてきた．

日本の行政学でも，行政責任論が早くから研究されてきた．具体的には，戦後初期の日本の行政学を代表する研究者が，Friedrich と Finer の責任概念に言及している［辻 1951］．これを受けて，日本の行政学では今日に至るまで，行政責任論の先行研究が蓄積されてきた．さらに，行政学の代表的な教科書では，1つの章を割いて行政責任論の内容が紹介されている．また，日本行政学会の学会誌において行政責任論の特集も組まれた．これらの事実から，行政責任論は現在の日本の行政学における一研究領域として確立しているといえる．

こうした背景をもつ日本の行政責任論における先行研究のほとんどは，理論研究である．ここでいう理論研究とは，行政責任論の概念それ自体の考察を目的とする研究を意味する．たとえば，Friedrich あるいは Finer が提示した責任概念の整理，比較，類型を目的とする研究が理論研究に位置付けられる．行政責任論の確立は，この理論研究の蓄積の上に成立している．したがって，理論研究という研究の方針を明確にし，そこに内在する意義と問題を検討することで，日本の行政責任論の現状と課題が明確になる．

理論研究への偏重には行政学における行政責任論の重要性に対する認識を低下させるおそれがある．理論研究の対象は，行政責任論の概念に限定される．したがって，その成果は概念の明確化あるいは詳細化にとどまる．すなわち，理論研究は行政の実態の把握に直接的に貢献する成果を生み出さない．一般的に，行政学は現代国家に特有の行政課題に対応すべく誕生した実践性の強い学問分野であると指摘される［西尾 2001：50；曽我 2013：6-7］．そのため，行政学におけるほとんどの研究領域は行政の実態を把握することに強い関心を有してきた．そうである以上，概念を概念のまま研究する理論研究を蓄積するだけでは，行政責任論の研究成果が行政学の他の研究領域において言及される機会が減少するであろう．本書では行政責任論の意義を考慮し，こうした認識の低下が問題であると考える．

この問題を解決するために，本章では行政責任論における事例研究の方針を提示する．行政責任論における事例研究とは，行政責任論の概念あるいは考え方を用いて行政活動の実態を考察することを目的とする研究を意味する．より具体的には，行政はどのような価値を追求すべきなのか，行政の責任をどのように確保すべきなのかといった行政責任論における問いを，現実の行政活動の検討に基づいて考察する研究を指す．こうした事例研究の成果が蓄積されていくことで，行政責任論の考え方あるいは概念が行政活動の実態を把握するための視点として確立されていくことが期待される．

　この章では行政責任論における事例研究の方針を提示することに加えて，その方針に基づく研究の構想も説明する．具体的には，本書の第3章以降において実施する2つの研究を紹介する．2つの研究とは，総合的な行政改革および行政組織の設置を対象にした事例研究である．なぜ，行政改革および行政組織の設置を事例にするのか，それぞれの事例研究をどのように実施するのかを明確にしたい．

　本章の構成は以下のとおりである．第1節では，アメリカ行政学および日本行政学における行政責任論の確立の過程を概観する．第2節では，これらの先行研究には理論研究への偏重という問題があることを指摘する．第3節では行政責任論における事例研究の実施によって前節で指摘した問題が克服されることを明確にし，以降の章において実施する研究を説明する．

1．行政責任論の展開

　本節では，アメリカ行政学および日本の行政学における行政責任論の確立の過程を概観する．この目的のために，3つの作業を行う．まず，行政学における一研究領域としての行政責任論の特徴を概観する．つぎに，アメリカ行政学において行政責任論がどのように確立されていったのかを追跡する．最後に，行政責任論が日本の行政学においてどのように受け取られ，その研究が展開さ

れていったのかを整理する．

(1) 行政学における行政責任論

行政責任論とは，行政学における一研究領域である．行政学は，行政活動の実態の把握あるいは改善に強い関心を有する学問である．行政学の主要な研究対象として，行政の組織，行政が形成・実施する政策，あるいは行政を拘束する制度がある．これらの研究対象の実態がどのようになっているのかに関する調査を重ねて行政学は確立してきた．こうした行政学のなかで行政責任論がどのような特徴を有するのかを確認したい．

行政責任論では，行政の責任が考察されてきた．佐藤の定義を参照にすると，行政責任論では行政の活動において国民あるいは議会が重視する価値をどのように反映させるべきかが考えられてきたといえる［佐藤 1983：1］．前述のように，行政学は行政の実態の把握や改善に関心を有する．そのなかでも，行政責任論は行政の責任といった規範的な側面に関心を有する点に特徴がある．実際に，行政学におけるほかの研究領域と比べて，行政責任論は行政における価値や規範的な側面に強い関心を有していると指摘されてきた［西尾 1995：268-73］．

行政責任論には，2つの中心的な研究のテーマが存在する．すなわち，行政責任の内容に関する研究と行政責任を確保する方法に関する研究である．行政責任論では後述するように，後者のテーマに関する先行研究が多い．

第1のテーマとして，責任の内容に関する研究がある．このテーマのもとで，行政はどのような価値あるいは目標を追求すべきなのかといった問いに対する答えの導出に取り組まれてきた．問いの答えとして，行政が追求すべき価値を類型する研究，特定の価値の重要性を主張する研究が蓄積されてきた．たとえば，Charles E. Gilbertによる研究および行政倫理の研究がある．

行政の価値を類型した研究の具体例として，Gilbertによる研究がある．Gilbertは行政の責任という言葉には12の価値が含まれると主張した．12の価値とは，応答性，柔軟性，一貫性，安定性，指導性，誠実性，公正性，有能性，

有効性，慎重性，正当手続および説明可能性である［Gilbert 1959：375-78；足立 1971：208-10］．この類型では，行政が追求すべき一般的かつ普遍的な責任の内容が列挙されている．Gilbert はそれぞれの価値を定義し，これらの価値の間で衝突が生じる可能性も指摘した．

　また，行政倫理研究においても責任の内容に言及されている．行政倫理研究とは公務員による倫理的な行為とは何か，倫理的な行為をどのように実現するのかを考察する行政責任論における一研究領域である．そこでは，行政およびそこで働く公務員が追求すべき価値が提示されてきた．代表例として，George H. Frederickson が提示した社会的公平（social equity）および John A. Rohr が提示した体制の価値（regime values）がある．社会的公平とは既存の政治過程において不利な立場にいる少数派の政治的な影響力と経済的な豊かさを向上することで実現される価値である［Frederickson 1971：311；2010］．他方で，体制の価値とはアメリカ合衆国憲法を構成する価値であり，判例においても繰り返し言及されるような自由，平等，財産権といった根本的な価値である［Rohr 1989：68-69；285］．

　第2のテーマとして，行政責任を確保する方法に関する研究がある．行政責任論では行政の責任をどのように確保することが望ましいのかといった問いに答えを出すために，さまざまな概念が考案されてきた．山谷はそれらの概念を，レスポンシビリティ（responsibility）およびアカウンタビリティ（accountability）として整理している[1]．山谷の整理に基づくと，レスポンシビリティとアカウンタビリティは表2-1のようになる[2]．なお，後述の Friedrich の責任概念がレスポンシビリティ，Finer の責任概念がアカウンタビリティのルーツになっている[3]．

　アカウンタビリティとは，国民あるいは議会による統制を通じた行政責任の確保を表す概念である．この責任は国民あるいは議会が自らの価値を行政に伝え，行政にその価値を実現させることで確保される．すなわち，アカウンタビリティは外部の第三者による統制の機会を担保する法令あるいは予算といった

表 2-1 アカウンタビリティとレスポンシビリティ

	アカウンタビリティ	レスポンシビリティ
制度的/非制度的	制度的責任	非制度的責任
制裁の有無	責任を果たさなければ制裁	無いかあっても弱い
責任認識の主観/客観	客観的責任	主観的責任
責任確保手段の具体性	あらかじめ具体的に指定	抽象的
能動責任か受動責任か	他律的受動的責任	自律的能動的責任
責任の判定者の位置	外部の第三者	内部（自覚・個人の倫理観）

出典：山谷［2002：167］を参考に筆者作成．

公式の制度が存在する行政活動の領域に対応する責任概念である．そこでは，国民あるいは議会といった行政外部の第三者が行政の責任範囲および責任を果たしたといえる水準を決定する．行政の側から見ると，アカウンタビリティは他律的かつ受動的な責任である．一般的に，行政が責任を果たせなかった場合の制裁は法令あるいは予算といった公式の制度に具体的に記載される．たとえば，国家公務員が国家公務員法第82条各号に掲げる事項に抵触した場合には，免職，停職，減給あるいは戒告といった制裁が与えられる．行政裁量の濫用による国民の被害を防ぐために，現実におけるアカウンタビリティ概念は多様化し，研究でもそうしたアカウンタビリティの多様化が整理されてきた．

　レスポンシビリティとは，行政による自律的な活動を通じた責任確保の方法を表す概念である．この責任は行政組織が国民あるいは議会が重視する価値を自らで判断し，それを実現することで確保される．この概念は法令あるいは予算などの制度的な統制が及ばない，あるいは統制の密度が十分ではない領域における行政の裁量的な活動に対する責任を確保する方法を検討するなかで考案された．そこでは，行政の内部において行政が責任を負う範囲および責任を果たしたといえる水準が主観的に決定される．したがって，責任を確保する手段は公務員あるいは行政組織のモラール，道徳，倫理といった抽象的な側面に頼らざるを得ない．そうである以上，責任を果たせなかった場合の制裁も道徳的な後悔といった弱い制裁になる可能性がある．これらの性質からレスポンシビ

リティは自律的能動的責任であるといわれてきた．行政国家化による行政裁量の増大によって，政府の政策過程における行政のレスポンシビリティの重要性は拡大してきた．

行政責任論の特徴は以上のように整理できる．行政責任論は行政の責任という規範的な側面を扱うため，価値あるいは価値判断が研究に含まれるという特徴がある．そうした関心から，行政責任論では責任の内容および責任確保の方法が研究されてきた．次項以下では，アメリカ行政学および日本の行政学において行政責任論がどのように発展したのかを概観していく．

（2）アメリカ行政学における行政責任論の確立[4]

ここでは，アメリカ行政学において行政責任論が確立されていった過程を概観する．行政責任論は1930年代におけるアメリカ行政学において成立した研究領域である．成立の契機は，FriedrichとFinerの論争（以下「F-F論争」）にあった[5]．この論争以降，両者の責任概念に基づく研究が展開され，行政責任論が確立されることになる．ここでは，F-F論争，アカウンタビリティ研究および行政倫理研究を概観することで，行政責任論の確立の過程を追跡する．

行政責任論は，1930年代におけるF-F論争によって確立した．論争の焦点は，行政国家化によって政策過程全体に対する影響力を強めていく行政の責任をどのように確保するかという問いにあった．一方のFriedrichは行政による自律的な活動領域の拡大は不可避であると指摘し，自律的な活動に適した新しい責任概念を提示した．他方で，FinerはFriedrichの責任論を厳しく非難し，議会による行政統制を通じた伝統的な責任確保の方法の改善を主張した．

論争の背景には，行政国家化という現象があった．行政国家とは，行政の活動が立法および司法の活動との関係において相対的に強力である国家を意味する［辻 1966：3］．とくに，行政と立法の関係でいえば，行政国家の下では行政組織が議会に対して政策立案などのさまざまな形で指導力を発揮すると指摘される［西尾 2001：32］．1930年代から1940年代のアメリカでは，世界恐慌および

第二次世界大戦に伴う政府活動の積極化を通じて行政国家化が進展した［手島 1964：96-100］.

　行政国家化したアメリカでは，伝統的な行政責任確保の方法に疑問が向けられ始めた．ここでいう，伝統的な方法とは議会による統制を通じた行政責任の確保を意味する．より具体的には，国民を代表する議会が正確かつ詳細な立法の提示によって行政の責任を明確化し，行政は立法に従い活動するだけで責任を果たしたことになるという構図である．行政国家化という現象は，この構図を覆す影響力を持っていた．実際に，当時の行政学者あるいは政治学者は伝統的な責任確保の方法の有効性が低下していることを認識し始めていた[6]．

　こうした背景のもとで，Friedrich は行政による自律的な責任概念を主張した．彼はアメリカ連邦政府における政策過程の観察を通じて，伝統的な責任確保の方法の不十分さを確認した［Friedrich 1940］．すなわち，行政国家化したアメリカ連邦政府では政策の実施だけでなく，その形成においても行政が自律的に活動していることを発見した．この観察から，Friedrich は行政の自律的な活動に対応する新しい責任概念を提示した．それが機能的責任（functional responsibility）および政治的責任（political responsibility）である［Ibid.：12-4］．機能的責任とは，特定の政策領域に関係する専門家集団の間で共有された知識を考慮して活動する責任である．他方で，政治的責任とは政治的なコミュニティにおける多数派の意見を反映する責任である．Friedrich は公務員および行政組織が自律的な活動の過程において2つの責任を十分に考慮することで，行政の責任は確保されると主張した．

　他方で，Finer は Friedrich の責任概念を厳しく批判し，議会による伝統的な統制方法の重要性を強調した．Finer は，高度な専門性を備えた行政の裁量を肯定する Friedrich の責任概念は行政による専制をもたらすと非難する［Ibid.：12］．Finer は行政国家のもとでも議会が「技術的に可能な限り詳細に」法案を制定し，行政を統制すべきであると主張した［Ibid.：7］．Finer は高度な専門性を必要とする外交領域においても議会が行政組織を有効に統制した事

例を紹介し，議会による統制の改善が可能であると指摘した [Ibid.：17-9]．以上の考察から，民主的な政府では議会による統制こそが中心であり，Friedrich のいう自律的な責任は議会による統制を補助する点においてのみ限定的に認められると結論付けられている [Ibid.：25]．

この論争は，アメリカ行政学における行政責任論の成立の契機となった．まず，論争を通じて，行政国家において行政の責任を確保する方法は2つあるということが明確になった．Friedrich の責任概念は，専門性を有する行政による迅速かつ有効な政策課題の解決を志向する方針を示している．他方で，Finer の責任概念は議会制民主主義の下で国民および議会が政治の主役であり続けるための方針を示している．どちらの責任概念をより重視するのか，その責任概念をどのように確保するのかといった問いをめぐって行政責任論の研究は進められてきた．

アメリカ行政学では，Friedrich および Finer のどちらかの責任概念に立脚する形で研究が進められてきた．西尾勝は F-F 論争以降の行政責任論の発展に言及するなかで，Friedrich の後継者を新しい行政学運動（New Public Administration Movement）に，Finer の後継者を Victor A. Thompson に求めている [西尾 1990：360-61]．以下では，西尾勝の業績において簡潔に触れられるのみであった両後継者の主張を整理し，両者のさらなる後継者として行政倫理研究およびアカウンタビリティ研究を追記する形で，アメリカ行政学における行政責任論の展開を要約する．

まず，Friedrich の後継として，1960年代のアメリカ行政学で起こった新しい行政学運動があげられている．新しい行政学運動とは，上述の社会的公平という価値を実現するための担い手として公務員を位置付け，行政学にはその公務員の活動を教育によって支える役割があると主張した運動である [Frederickson 1980：4-12]．公務員を社会的な変化の担い手と位置づける研究および教育を進めようとする点において，Friedrich の責任概念が継承されているといえる．また Terry L. Cooper が指摘するように，この運動に参加した研究者は

Friedrichと同様に行政外部による統制の不完全性を認識している [Cooper 2012：153-56].

さらに，新しい行政学運動の流れを引き継ぐ研究領域として行政倫理研究がある．アメリカ行政学では，行政倫理研究は公務員の養成と結びついた実践的な教育分野となっている．そこでは，公務員はどのような価値を考慮すべきであるのかを示す倫理綱領（code of ethics）の検討，価値が対立している状況においてどのように意思決定すべきなのかを示す倫理的な意思決定モデル（ethical-decision making model）の開発といった公務員による職務遂行への貢献を目標とする実践的な研究が進められてきた[7]．公務員の自覚的かつ自律的な活動によって，より良い問題解決あるいは政府への信頼の維持を図る点において，行政倫理研究はFriedrichの責任概念を継承している．

それに対して，Finerの後継者としては，Thompsonがあげられている．Thompsonは行政組織による積極的な裁量の行使を否定する．Thompsonによると，行政組織とは所有者である国民が定めた目標を達成するための道具であり，規則と役割からなる機械のような人工システムである [Ibid.：10；17]．他方で，行政組織の構成要素が人間である以上，公務員は自らの活動における自由度の拡充あるいは目標形成への関与を試みる．その結果，行政組織の内部部局ごとに，公務員はインフォーマルな規範によって結びつけられた集団である自然システムを形成する [Ibid.：15-6]．自然システムでは，その組織の政策対象となる集団に対する奉仕が強調される．内部部局は自然システムに基づいて特定の集団に対する費用の支出を増加させる方向で裁量を行使する．ここにおいて，特定の集団への奉仕が過剰になり，それが一般的な国民の期待を超える水準で行われるおそれが指摘される [Ibid.：10-1]．Thompsonは，こうした事態を行政組織による国民の財産の「窃盗」であると厳しく批判する [Ibid.]．さらに，窃盗を防止するための行政組織に対する統制の重要性が強調される．こうしたThompsonの視点は，上述のFinerの問題意識に類似しているといえる．

さらに，Finer の後継にアカウンタビリティ研究も位置付けられる．たとえば，Robert D. Behn, Mark Bovens, Richard Mulgan らによる研究がある［Behn 2001；Mulgan 2003；Bovens 2005；2007；2010］．アカウンタビリティ研究では，確保する責任の内容に着目したアカウンタビリティの類型化，NPM の普及による新しいアカウンタビリティ概念の明確化，統制に基づく垂直的なアカウンタビリティから協働に基づく水平的なアカウンタビリティへの変化が考察されている[8]．さらに，現実の行政組織におけるアカウンタビリティの問題を考察する研究もある［Koppell 2005；Romzek and Dubnick 1987］．

以上のような形で，アメリカ行政学において行政責任論が確立されてきた．行政責任論は F-F 論争によって成立した．論争を通じて，行政国家化に伴って影響力を拡大させていく行政の責任を確保する2つの方法が存在することが明確になった．これらの責任確保の方法に対する考察を深めていく形で行政責任論は発展してきた．それでは，日本の行政学では行政責任論がどのように受け止められ，発展したのだろうか．

（3）日本の行政学における行政責任論の確立

ここでは，日本の行政学において行政責任論が確立している現状を確認する．日本の行政学では，戦後初期の段階において Friedrich および Finer の研究に言及する論文が公表されていた．これを受けて，行政責任論の先行研究が蓄積されていくことになる．その結果，現在の日本の行政学では行政責任論が1つの研究領域として確立しているといえる．

1951年の『年報政治学』において戦後初期の行政学を代表する辻清明および長浜政壽が官僚制と民主主義の関係に言及する際に行政責任論を参照にしている［辻 1951；長浜 1951］．長浜は Friedrich および Finer を引用せず，その影響を受けた複数のアメリカ行政学者による行政責任論の研究を紹介している［長浜 1951：50-1］．他方で，辻は Finer と Friedrich の両者に直接的に言及している．

辻は日本官僚制と民主主義の関係を考察する研究を公表した．辻の研究では

日本官僚制の考察に入る前に，アメリカ行政学における官僚制と民主主義に関する3つの視点が紹介されている．すなわち，官僚制と民主主義が対立すると考える第1の立場，官僚制が民主主義あるいは自由の実現に重要であると考える第2の立場，マルクス主義的な第3の立場である［辻 1951：53-8］．第1の立場に Finer の名が，第2の立場に Friedrich の名が含められている．さらに，辻は Friedrich が区別した内在的責任および外在的責任という概念を用いて日本の官僚制がどのように責任を確保してきたかを考察している．戦後初期の日本行政学を代表する辻による行政責任論への言及は，その後の行政責任論の展開に影響を与えた．

　辻の研究に続いて，日本の行政学では現在まで行政責任論の研究が蓄積されてきた．こうした先行研究は，その内容に応じて以下の6通りに大別できる．

　第1に，Friedrich の責任概念を考察する研究がある．戦前から，日本の政治学および行政学では日本の政府における政策形成および政策実施の段階での行政の自律的な活動領域が広範であることが指摘されてきた．こうした日本の行政の責任を確保する方法を考案するために Friedrich の責任論が研究されてきた．代表的な成果としては，大森彌による Friedrich が提示した機能的責任の内容に対する綿密な検討がある［大森 1970］．また，村松岐夫は自律的責任論の概念のなかには行政に異なる役割を期待する数通りの考え方が含まれていることを明確にしている［村松 1964］．

　第2に，Finer の責任概念に着目する研究もある．Finer の責任概念は議会制民主主義における伝統的かつ基本的な責任確保の在り方を示している．日本の行政学では国会による行政統制が不十分であるという認識から，その改善方法を考察するための基礎作業として Finer の責任概念が研究された．たとえば，根岸毅は民主主義的官僚の概念を検討するなかで Finer を参照している［根岸 1967］．また，F-F 論争における Finer の主張の意義を再検討した村松岐夫の研究もある［村松 1974］．

　第3に，2つの責任概念を比較する研究が存在する．具体的には，F-F 論争を評価し，両者の責任概念を比較する研究がある［西尾 1990］．そして，F-F 論

争以降のアメリカ行政学における行政責任論の展開を追跡し，追跡の成果をレスポンシビリティとアカウンタビリティの概念整理に結実させた山谷の研究がある［山谷 1991］．また，片岡寛光は行政責任をレスポンシビリティ，アカウンタビリティおよびレスポンシブネス（responsiveness）に分類し，行政責任概念の問題および歴史的展開を論じている［片岡 1998］．西尾隆は行政責任論を行政の自律的な責任を議論する領域および行政の他律的な統制を議論する領域に分類し，それぞれの領域に含まれる先行研究を整理している［西尾 1995］．

第4に，行政倫理研究がある．原田三朗は，アメリカ行政倫理研究における実践的な教育の側面を中心としたレビューを行っている［原田 2007］．また，山谷はアメリカ行政倫理研究の学説史および教育手法を整理している［山谷 1991］．さらに，鏡は行政倫理研究における法令に基づくアプローチおよび価値に基づくアプローチといった概念を用いて日本の公務員倫理制度の課題を指摘し，その解決の方針を提示している［鏡 2016］．

第5に，行政統制の技術に関する研究が存在する[9]．具体的には，風間規男および山谷の研究がある［山谷 1994；風間 1995］．山谷は行政の実務において言及されているアカウンタビリティ概念が手続から成果に比重を移していることを指摘し，それらの概念を検討している．風間の研究ではマジソニアンモデルの修正および組織の経済学理論などの参照による行政統制理論の復権の可能性が検討されている［風間 1995］．

第6に，現実の行政活動と行政責任の概念を関係づける試みがある．毎熊浩一はNPM（New Public Management）において想定されているレスポンシビリティおよびアカウンタビリティの概念を抽出し，その特殊な責任概念の性質をイギリスにおけるNPMの実践を検討することで確かめる一連の研究を実施した［毎熊 1998；2002；2003］．また，久保木匡介は行政責任のジレンマの観点から，NPM型行政統制の導入が進められてきた1990年代以降のイギリスにおける学校評価システムを検討している［久保木 2016］．真山達志は橋下徹元大阪市長による大阪市政における行政責任の実態を考察している［真山 2017］．橋本

圭多は，原子力政策における専門家のアカウンタビリティを検討している［橋本 2012］．鏡はレスポンシビリティとアカウンタビリティの概念から日本の行政改革における行政責任観の変遷の把握を試みている［鏡 2017］．

このように，日本の行政責任論には質量ともに豊富な先行研究が存在する．加えて，行政学教育および行政学会を見ても行政責任論が定着している証拠を確認できる．

まず，行政学の教育において行政責任論の重要性に関する認識は共有されている．この根拠として，代表的な教科書において行政責任論が1つの章を割かれて記載されている事実をあげることができる．たとえば，西尾勝および村松による日本の行政学を代表する教科書では，行政責任論に独立した章が充てられている［西尾 2001；村松 2001］．さらに，これらの教科書ではF-F論争，ギルバードによる行政責任のマトリクスへの言及といった記述の内容に関する一定程度の標準化が見られる．

つぎに，日本行政学会の学会誌である『年報行政研究』では1998年に「行政と責任」という特集が組まれている［日本行政学会編 1998］．この特集は，「行政責任の位相」および「分権・責任・自己決定」の2部から構成されている．このなかでも，第1部の「行政責任の位相」ではアメリカ行政責任論に基づく研究がいくつか記載されている．片岡寛光による多様な行政責任概念の包括的な整理，田中一昭による行政改革委員会におけるアカウンタビリティの言及のされ方の検討，小坂紀一郎による薬害エイズ問題を対象とした実践的な行政責任確保の方法に関する研究，西尾隆によるマクロおよびミクロの観点からの行政責任の確保に関する研究が載せられている．

このように，日本の行政学において行政責任論は確立した地位を有している．

2．行政責任論の問題

行政責任論の先行研究には理論研究への偏重といった傾向があり，その傾向

から問題が生じるおそれがある．理論研究とは，行政責任論の概念それ自体の整理あるいは比較を目的とする研究を意味する．本節において整理するように，日本の行政責任論の先行研究のほとんどが理論研究である．行政の責任といった抽象的，規範的，多義的な概念を扱う以上，行政責任論において理論研究を蓄積していくことは重要である．しかし，理論研究への偏重は，行政学における行政責任論の重要性の低下をもたらすおそれがある．

（1）理論研究への偏重

　行政責任論では，多様な関心のもとで研究が進められてきた．しかし，こうした多様な関心のほとんどは理論研究という研究の方針に基づくものである．
　ここでいう，理論研究とは行政責任論における概念それ自体の考察を目的とする研究を意味する．上述のように，行政責任論では行政責任を確保する方法が中心的に研究されてきた．たとえば，レスポンシビリティおよびアカウンタビリティといった概念それ自体を考察の対象とし，その比較，整理および類型を目的とする研究は理論研究であるといえる．
　日本の行政責任論の先行研究のほとんどは理論研究に位置付けられる[10]．この事実は，前章における先行研究の6つの類型を概観することで確認できる．
　Friedrichの責任概念の考察を目的とする第1の類型，Finerの責任概念の考察を目的とする第2の類型，および責任概念の比較を試みる第3の類型に含まれるほとんどの研究は，その目的が概念それ自体の研究にとどまっている点において理論研究にほかならない．他方で，これらの類型に含まれる先行研究には，ほかの学問分野の理論や概念を用いて責任概念を洗練する研究も存在する［村松 1964；1974］．また，学説史あるいは時代背景を整理することで責任概念に関する理解を深めようと試みる研究も存在する［西尾 1990；山谷 1991；西尾 1995；片岡 1998］．これらの研究も最終的な目標が概念の整理，比較，洗練にあることから，理論研究に分類できる．
　第4の類型では理論研究ではなく，将来的な研究の土台となるレビューを目

的とする研究が多い．原田三朗および山谷の研究がこうした研究の具体例である．両者の研究では考察よりも紹介や整理に重きが置かれている．これらの研究は理論研究ではないが，そこでは理論研究に対抗する方針は提示されていない．そうである以上，理論研究への偏重という実態に影響を及ぼす研究ではない．他方で，鏡の研究では行政倫理研究における概念を用いて日本の公務員倫理制度の課題と解決策が検討されている．したがって，日本の行政倫理研究では鏡の研究のみが後述する行政責任論における事例研究に位置付けられる．

　第5の類型における研究も，理論研究に基づいて実施されている．山谷および風間の研究はともに理論研究である．山谷の研究で言及されているアカウンタビリティにおける手続きから成果への移行はきわめて示唆的であるが，研究自体は理論研究である．また，風間の研究も行政統制理論の洗練を目的とする点において理論研究に含められる．

　第6の類型には，いくつかの事例研究が存在する．毎熊の一連の研究ではNPM型の行政責任概念が抽出され，イギリスにおける行政改革を通じてその妥当性が確認されている．この点から，毎熊の研究は事例研究であるといえる．真山の研究はギルバードの考案した行政統制の4つの類型に基づいて，橋下元大阪市長による大阪市政における行政責任の実態を把握している点において事例研究に含まれる．また，鏡の研究もレスポンシビリティおよびアカウンタビリティを用いて日本の行政改革を担ってきた審議会の答申を読み解いている点で事例研究に位置づけられる．さらに，久保木の研究は行政責任のジレンマから，イギリスにおける学校評価システムの改革を検討した点において事例研究に該当する．ただし，橋本の研究は原子力行政を検討するための行政責任論の概念の整理にとどまる点で理論研究である．

　以上，日本の行政責任論のほとんどの先行研究が理論研究であることを確認した．実際に，毎熊，真山，久保木および鏡による研究以外の先行研究は理論研究に位置づけられる．先行研究のほとんどを理論研究が占めており，それとは異なる研究の方針が確立されていない現状を理論研究への偏重と定義できる．

（2）理論研究への偏重がもたらす問題

　理論研究に偏重してきた日本の行政責任論にはどのような問題があるのか．この問いは理論研究という研究の方針に内在する問題の指摘を通じて明らかになる．研究の方針としての理論研究には，一定の限界がある．ここから，理論研究のみを蓄積することがある問題の原因になる．結論としては，理論研究への偏重が行政学における行政責任論の重要性に対する認識の低下につながるおそれがある．

　上述のように，理論研究は概念を概念のままに研究する方針である．社会科学において，概念とは複雑かつ雑多な社会の現実を特定の観点から整理あるいは把握するための道具である．社会の現実をより正確に理解するためには，より精緻な概念が必要となる．したがって，概念それ自体を考察の対象とし，その比較，整理，類型による洗練を目的とする理論研究が必要となる．このような観点から，理論研究は行政学だけではなく社会科学全体においても重要な研究の方針となる．とくに，行政責任論では責任という抽象的，規範的，多義的な概念を用いるため，理論研究による概念の明確化がより一層，重要になる．

　しかし，理論研究には限界がある．一般的に，概念とはあくまでも社会的な事象を研究するための道具であり手段である．したがって，概念の妥当性あるいは有用性は対象とする社会的な事象をより適切に把握できるか否かで評価される．この点において，理論研究への偏重には限界がある．すなわち，概念の研究それ自体を目的とする理論研究のみでは，その概念が実際に有用であるか，適切であるかを判断できないのである．

　この限界から，行政責任論が理論研究に偏重することで生じるおそれのある2つの問題を指摘できる．

　第1に，理論研究への偏重によって行政責任論の概念が不適切な方向で発展していくおそれがある．日本の行政責任論では理論研究の蓄積によって，概念が増加あるいは精緻化されてきた．たとえば，アメリカあるいはイギリス行政学において考案された概念を紹介する研究によって責任概念の類型の数は増加

してきた．さらに，政治学，経済学あるいは組織論といったほかの研究領域における知見が反映されることで概念が精緻化されてきた．しかし，これらの新しい概念によって行政の実態がどのように把握できるのかを検討した研究はほとんど存在しない．概念を現実に応用せずに，概念のまま研究するだけでは，過度の情報が概念に盛り込まれ，現実の把握に適さないほどの複雑な概念を構築してしまうおそれがある．また，理論研究では現実の行政の変化を概念に反映させる機会がないため，理論研究に偏重することで，行政の実態を把握するには不適切である古い概念を研究し続けてしまうおそれがある．

　第2に，理論研究への偏重によって，行政学における行政責任論の重要性に対する認識の低下がもたらされるおそれがある．上述のように，行政学では行政における実態の把握と実践的な提言に主要な関心がある．他方で，行政責任論は理論研究に偏重している．そこにおいて，現実の行政に対する関心は薄い．このように，行政学と行政責任論の間には，関心の違いがある．この違いが拡大するほど，行政学者が研究を進める際に行政責任論の知見を参照にする機会が減少するおそれがある．研究で言及される機会が減り続けていくならば，行政学における行政責任論の意義は低くみられるおそれがある．

　実際に，最近では行政学における行政責任論の研究の進展が停滞しているかのような傾向がある．具体的には，行政責任論の研究の公表数が低下し，行政学の教科書において行政責任論に言及されることも少なくなっている．

　たとえば，最近の教科書では行政責任論を解説する箇所がないか，あっても少ない．近年，行政学における優れた教科書がいくつか刊行されている．具体的には，伊藤正次・出雲明子・手塚洋輔による『はじめての行政学』，原田久による『行政学』，森田朗による『新版　現代の行政』が出版された［伊藤・出雲・手塚 2016；原田 2016；森田 2017］．これらの教科書では，かつての代表的な教科書と同じように行政責任論が独立した章において論じられていない．行政責任論は1つの段落のなかで簡潔に言及されるか，そもそも言及されていない．

　この原因の1つに，理論研究への偏重があると考えられる．上述のように，

理論研究への偏重は行政責任論の概念の有用さを不明瞭なままにしてしまう，あるいは行政学における行政責任論の意義を低下させてしまう．

　しかし，行政責任論は行政学における一研究領域として固有の意義を有している．より具体的には，冒頭で指摘したように，行政責任論はほかの行政学の研究領域よりも価値および価値判断の側面を直接的に考察してきた．行政はどのような内容の責任を実現すべきか，行政の責任をどのように確保すべきかといった問いは，多くの行政学の研究において重要な問いであろう．実際に，現実の行政の課題を指摘し，それに対する提言を行うには，何らかの規範的な観点に立つことが不可欠になる．行政の規範的な側面に正面から取り組んできたのが行政責任論である．したがって，行政責任論は行政学における基盤的な研究としての役割をもつといえる．このような観点から，本書では行政責任論の意義の低下は望ましくないと考える．

　そのため，行政責任論には理論研究とは異なる方針が必要となる．この方針には，上述の理論研究の偏重がもたらす問題の解決に資することが求められる．すなわち，行政責任論の実践を含み，行政責任論の概念の有効性を確認するための方針が必要となる．こうした方針として，本書では行政責任論における事例研究を提示する．

3．行政責任論における事例研究の構想

　事例研究とは，事例の質的な側面に着目する定性的研究の代表的な手法である．一般的には，少数の事例を対象に，観察，資料収集およびインタビューを通じて質的データを収集する研究手法が含まれる．事例研究は多様な目的から実施される［George and Bennett 2013：邦訳 74-6］．具体的には，特定の事例の正確な記述を目的とした研究もあれば，概念を用いて事例を考察することで，その概念の妥当性を確認することを目的とした研究もある．このなかでも，本書では理論研究がもたらす問題を解決する方針として後者の事例研究に着目する．

行政責任論における事例研究は，行政責任論の概念あるいは考え方を用いて行政の実態を考察する研究になる．事例研究では行政責任論の概念を応用することから，その概念によって行政活動のどの側面をどのように把握できるのかが明確になる．すなわち，責任概念の妥当性の評価も可能となる．さらに，行政責任論の概念から特定の行政活動における意義と課題を指摘する実践的な研究が可能となる．

　研究のなかでとりあげられる事例としては，さまざまな行政活動が想定される．行政国家化した行政は，多様な活動を担う存在となった．また，行政の主体としては中央省庁における内閣，府省庁，内部部局，審議会，個々の国家公務員や地方自治体の首長と地方の行政組織，地方公務員が対象となろう．さらに，公共的問題の解決におけるNPOあるいは民間企業の役割の比重が高まっている現状では，行政それ自体が単体で担う活動だけではなく行政がさまざまな程度において関与する活動も事例になるであろう．このように，行政責任論における事例研究では広範な行政活動から事例を選択することが可能である．

　行政責任論における事例研究の方向性は，上述の2つの研究テーマと同一であると考えられる．第1に，行政責任の内容に関する事例研究がある．たとえば，特定の価値から現実の行政活動を批判的に検討する研究，あるいは特定の行政活動のなかでどのような価値が重視されているのかを調査を通じて明らかにする研究が含まれる．第2に，責任確保の方法に関する事例研究がある．このテーマの下で，特定の行政活動において2つの責任概念がどのように確保されているのかを明確にする研究などが実施されるであろう．

　行政責任論における事例研究の意義は，理論研究に偏重している日本の行政責任論の問題の解決に貢献するところにある．前節において2つの問題を明確にした．それぞれの問題に対して，事例研究は有効な解決策となる．

　第1に，理論研究の方向性が明確になる．日本の行政責任論は理論研究に偏重することで，その概念を用いて行政の実態が適切に把握できるのかを確認してこなかった．事例研究によって，この問題が解決される．研究における概念

の応用を通じて，研究者の設定した問いに対して行政責任論の概念がどの程度まで有効であったのかを評価できる．評価を通じて，その概念の意義と限界が明確になり，限界を補うための概念の修正が理論研究に求められることになる．このように，事例研究を通じて，理論研究に健全かつ的確な研究の方向性が付与されることになる．

　第2に，行政学における行政責任論の意義が再確認される．理論研究への偏重によって，行政学と行政責任論との間の溝が深まるおそれを指摘した．この溝が行政責任論の停滞の一因となっているおそれがある．この問題に対しても，事例研究が有効となる．事例研究は定義のとおり，行政の実態の把握に関心を有する研究方針である．したがって，研究の設計を適切に行うことで，行政責任論における事例研究は，行政学におけるほかの研究領域においても参照されるような具体的かつ実践的な知見を産出できる．このように，事例研究の成果の蓄積によって，行政責任論の概念の使い方あるいは考え方が行政学におけるほかの研究領域に浸透していく可能性がある．

　行政責任論における事例研究の概要は，以上のように整理できる．

（1）本書における2つの事例研究

　最後に，本書における事例研究の構想を明確にする．本書では，総合的な行政改革を対象に事例研究を実施した後で，行政改革の個別的な事例として行政組織の設置を研究する．それぞれの事例に関して，なぜその行政活動を事例として選択したのか，どのようにその事例研究を進めるのかを説明する．

（2）総合的な行政改革を対象にした事例研究

　まず，総合的な行政改革を対象にした事例研究を実施する．ここでいう，総合的な行政改革とは，執政制度，行政組織制度，公務員制度といった複数の制度を対象にした大規模な行政改革を指す．本書では責任確保の方法の視点から，日本および先進各国における総合的な行政改革を対象とする事例研究を実施す

る．具体的には，それぞれの行政改革においてレスポンシビリティおよびアカウンタビリティがどのように考えられてきたのかを考察していく．

　行政改革を事例に選択した理由は行政改革と行政責任との関係に求められる．行政責任とは，国民あるいは議会の願望と行政活動の間にある溝を埋める営為である．他方で，行政改革とは，その時々の行政が抱えるさまざまな問題に対して包括的な解決策の方針を考案する活動である．現実の行政改革ではマクロ的な観点から国民あるいは議会の願望と行政活動の間にある溝を埋める方法が提言されてきた．したがって，行政改革とは行政責任の実践であるといえる．ここに，行政改革を事例にする理由がある．

　本書では2つの章における検討を通じて，行政改革において行政責任確保の方法がどのように検討されてきたのかを考察する．具体的には，第3章において日本の行政改革における行政責任確保の方法に対する考え方の変遷を追跡する．さらに，第4章において先進各国の行政改革には複数の行政責任のジレンマがあることを確認する．

　第3章では，日本における総合的な行政改革では行政の責任に対する考え方がどのように変遷してきたのかを考察する．日本では戦後から現在まで数回にわたって，総合的な行政改革の方針を提言するための審議会が設置されてきた．それぞれの審議会の提言を見ると，行政の責任をどのように確保すべきなのかといった問いに対する答えが異なっていることがわかる．そこで，行政責任論の概念を用いて，日本における行政責任観の変遷の把握を試みる．

　ここではレスポンシビリティおよびアカウンタビリティを用いて，行政改革における行政責任観の変遷を把握することを試みる．まずは，2つの責任概念を行政改革の研究に適した概念の枠組みへと修正する．この枠組みに基づいて，それぞれの審議会が公表した最終答申を読み解く．この作業を通じて，それぞれの審議会における行政責任観を把握し，その変遷を明確にする．

　事例は，日本の行政改革を担ってきた審議会の最終答申である．具体的には，第一臨調，第二臨調，行革会議の最終答申が事例となる．第一臨調は1960年代

に行政の近代化・合理化を目標として設置された審議会である．第二臨調は1980年代に設置され，「増税なき財政再建」を目標とする行政改革案を提言した．行政改革会議は，1990年代末に「この国のかたち」の再構築を目標に掲げて行政改革を提言した．これらの総合的な行政改革を担当した審議会の議論の集大成である最終答申から，それぞれの時代ごとの行政責任観を把握する．

第4章では責任概念を用いて，1980年代以降に先進各国が進めてきた行政改革の意義を把握する．1980年代以降に先進各国では成果を出す行政を実現するために，民営化，外部委託，分権化，業績測定および透明化といった多様な改革手段に基づく総合的な行政改革が実施されてきた．この行政改革は，Letting Managers Manage および Making Managers Manage といった2つの異なるスローガンを内包している．先行研究では2つのスローガンが異なる行政責任観を有していると指摘されてきた．ここでは，こうした異なる責任観がもたらす行政責任のジレンマを従来の先行研究よりも包括的な観点から批判的に検討する．

この章でも，第3章で構築した概念の枠組みを用いる．ただし，この章ではアカウンタビリティを2つに分類する．この理由は1980年代以降の先進各国における行政改革が実施される前と後では，政府において強調されるアカウンタビリティの性質に変化があったと指摘されているためである．したがって，アカウンタビリティを手続に基づくアカウンタビリティおよび成果に基づくアカウンタビリティに分類する．

事例は，1980年代以降の先進各国における総合的な行政改革を導いてきたスローガンである．上述のように，1980年代以降の行政改革には Letting Managers Manage および Making Managers Manage という2つのスローガンが内包されている．これらのスローガンは行政の責任を確保する方法に関して相反する考え方を有している．この相反する行政責任観によってアカウンタビリティとレスポンシビリティのジレンマが生じるおそれがあると指摘されてきた．第4章では2つの責任概念の間だけではなく，それぞれの責任概念の内部にも

ジレンマが存在することを示す．

（3）行政組織の設置を対象にした事例研究

つぎに，行政組織の設置を対象にした事例研究を行う．ここでは，行政改革の具体的な手法として行政組織の設置に着目し，事例研究を実施する．具体的には，第5章で行政責任論において行政組織の設置を研究することの意義を明確にするための予備的考察を行う．第5章の成果に基づいて，第6章では内閣が庁の設置を通じてどのような内容の責任を確保してきたのかを把握するための事例研究を実践する．

行政組織の設置を事例に選択した理由は，それが行政責任の契機として重要である点に求められる．行政は特定の任務を有する行政組織の活動を通じて，価値の実現を試みる．ここにおいて，行政組織を設置することは，行政が国民や議会に対して新たな内容の責任を負うこと，あるいは現状よりも大きな責任を負うことを決定することと同義である．こうした点に，行政組織の設置の重要性がある．

第5章では，行政組織の設置を対象とした事例研究のための予備的考察を行う．行政組織の設置は行政学および行政法学において研究されてきた．しかし，これらの学問分野においては行政責任論の観点から行政組織の設置がどのような意義を有するのかが明確にされていない．したがって，第5章では行政責任論における行政組織の設置が有する意味および意義を明確にする．この研究は具体的な研究を実施する前の研究であるため，予備的考察に位置づけられる．

この章における検討の対象は，以下のとおりである．まず，行政組織の設置に関する行政学および行政法学の先行研究を批判的に検討する．この検討を通じて，行政責任論の観点から行政組織の設置を研究する必要性を明確にする．つぎに，行政組織が行政責任を実現する過程において設置の段階が有する意味を明確にする．最後に，行政組織の設置を対象とした事例研究をどのように実施するかといった今後の研究の方針を検討する．

第6章では，日本における庁の設置を対象とした行政責任論の事例研究を実践する．この章では第5章において検討した研究の方針に基づいて庁を事例に選択する．庁は日本の中央政府における基本的な行政組織の1つの形態であり，現在までに多くの庁が設置改廃されてきた．第6章では戦後から現在までにかけて設置されたすべての庁を概観し，内閣が庁の設置を通じて確保してきた責任の内容を把握していく．

　この章では，行政責任の内容を把握するための事例研究を実施する．より具体的には，2つの考察の枠組みを用いて庁を通じて確保されてきた責任の内容を特定する．第1に，戦後から現在までを4つの時期に区分し，それぞれの時代ごとに設置されてきた複数の庁に共通する責任の内容を抽出する．第2に，すべての庁を事業庁，政策庁，制度庁および調整庁の類型に分類し，それぞれの庁が果たしてきた責任の内容を概観する．

　事例は，戦後から2019年10月までに設置されてきた庁である．庁は府，省および委員会といったほかの基本的な行政組織に比べて，設置されてきた数が多い．さらに，官房，局，部，課および室といった内部部局よりも包括的な単位の行政組織である．これらの特徴が，第6章において庁を事例にする理由である．

　このように，本書では行政改革および行政組織の設置を対象とした事例研究を実施する．より具体的には，日本および先進各国における行政改革を事例に行政責任確保の方法に関する研究を試みる．また，戦後から現在までに設置された庁を事例にして行政責任の内容に関する研究を展開する．冒頭に行政責任論には2つのテーマがあると指摘した．本書の第3章から第6章まで，これらのテーマに対応する事例研究を実施していく．

　本書では2つの事例研究を通じて，行政責任論の研究のさらなる展開を試みる．事例研究によって，行政責任論において精緻化されてきた概念が現実を考察する際に，どのように有効なのかが明らかになる．この成果を通じた行政責任論の研究水準の向上こそが，本書の目的である．

注
1) 行政責任論においてはレスポンシビリティを自律的責任あるいは内在的責任，アカウンタビリティを他律的責任あるいは外在的責任と呼ぶ研究が存在するが，ここではレスポンシビリティおよびアカウンタビリティという名称を用いる．こうした用語法は，山谷清志の研究と同様である［山谷 1991；2002］．
2) 表2-1のように，レスポンシビリティとアカウンタビリティは対照的な性格を有している．他方で，レスポンシビリティをアカウンタビリティが補う，アカウンタビリティをレスポンシビリティが補うといった相補的な性格から2つの概念の関係を説明できる．山谷は2つの概念の対照的な関係を指摘しながらも，1970年代以降の英米における行政では，新しいアカウンタビリティの諸制度が従来はレスポンシビリティに委ねられていた領域を侵食していったという事実を確認している［山谷 1994：227］．山谷が侵食と定義した現象は，アカウンタビリティによるレスポンシビリティの補完の試みとしても捉えられる．本章では2つの概念の間に相補的な関係があることを認めた上で，第3章および第4章における分析をすすめるうえで前提となる対照的な関係から2つの概念を定義する．
3) Finer自身は論文のなかで自身の責任概念をアカウンタビリティではなくレスポンシビリティと記載している．彼の責任概念は，後の研究者によってアカウンタビリティのルーツであると位置づけられるようになった．
4) ここでのF-F論争の記述は，鏡による整理を参照にしている［鏡 2017：373-74］．
5) FriedrichとFinerは，1930年代と1940年代初めに論争を行っている［Friedrich 1935；1940；Finer 1936；1941］．しかし，ここでは1930年代の論争を取り上げず，1940年代の論争のみに基づいて両者の責任概念を整理する．なぜならば，1930年代の論争と1940年代の論争において両者の主張の内容に大きな変化はなく，1930年代の論争よりも2回目の1940年代の論争の方が両者の責任概念が明確となっているからである．
6) たとえば，John M. Gaus, Leonard D. White および Marshall E. Dimock が編集した *The Frontiers of Public Administration* では，ガウスとディモックが議会の行政統制の有効性を批判的に検討している［Dimock 1936；Gaus 1936］．
7) こうした行政倫理研究の研究成果を体系的に整理した教科書として Cooper, Carol W. Lewis and Stuart C. Gilman, James S. Bowman and Jonathan P. West の著作がある［Cooper 2012；Lewis and Gilman 2012；Bowman and West 2015］．
8) アカウンタビリティ研究における多様な関心に基づく研究の成果は，オックスフォード・ハンドブックによってほとんど網羅されている［Bovens, Goodin, Schillemans 2014］．日本では，山本清がアカウンタビリティ研究の展開を丹念に整理している［山本 2013］．
9) 小坂紀一郎も行政統制に関する研究を公表している［小坂 1998］．しかし，この研

究はレスポンシビリティおよびアカウンタビリティといった概念を用いずに具体的な統制の制度あるいは技術を検討しているため，本書ではこの研究を行政責任論の研究に位置づけない．

10) 諸外国の行政責任論においても，理論研究への偏重がある．ただし，行政責任論の発展的な研究領域である行政倫理研究およびアカウンタビリティ研究では多くの事例研究が蓄積されてきた．上述のように，アカウンタビリティ研究では，特定の行政組織のアカウンタビリティがどのように確保されているのかを批判的に検討した研究がある［Koppell 2005；Romzek and Dubnick 1987］．さらに，第4章で紹介するように，先進各国の行政改革を事例にした研究もある．他方で，行政倫理研究では豊富な事例から行政の倫理における問題を考察する事例集（case book）が公表されている．しかし，これらの発展的な研究領域における事例研究は，後述する行政責任論の事例研究の目標を達成するものではない．具体的には，ほとんどのアカウンタビリティ研究における事例研究では，特定の文脈に限定されたアカウンタビリティの概念が用いられ，対照的な概念であるレスポンシビリティに対する言及はない．また，行政倫理研究の事例研究では，専門職倫理の考え方および手法を用いた事例の分析が中心であり，レスポンシビリティの一般的な概念および考え方に言及されることはない．こうした現状から，諸外国の先行研究を検討した場合にも，行政責任論における事例研究を実施する必要性はあると考えられる．

第3章 日本における行政改革の事例研究

✚ はじめに

　本章では，日本の総合的な行政改革を事例に研究を実施する．事例研究を通じて，日本の行政改革において行政の責任がどのように考えられてきたのかを明確にする．この目的のために，レスポンシビリティおよびアカウンタビリティを用いる．2つの概念から，第一臨調，第二臨調および行革会議といった審議会の最終答申を検討し，それぞれの行政改革における行政責任観の変遷を把握したい．

　ここでは，レスポンシビリティおよびアカウンタビリティを用いて日本の行政改革を考察する．レスポンシビリティは行政による自律的な活動に伴う責任を意味する．他方で，アカウンタビリティとは国会および議会による行政の統制に基づく責任である．この研究では2つの責任概念を行政改革の考察のための分析枠組みに再構築する．そして，それを用いて審議会の最終答申を概観していく．

　行政改革を事例にした理由は，行政改革が行政責任の実践としての側面を有するからである．行政改革とは，その時々の行政が抱えるさまざまな問題に対して包括的な解決策の方針を考案および実行する活動であると定義できる．他方で，行政責任は行政の活動に対する理想と行政活動の現実との間にある溝を埋める営為である．2つの定義を並列すると，行政改革は行政責任における実

践の1つであることがわかる．

　戦後の日本においても，総合的な行政改革が定期的に実施されてきた．この研究では第一臨調，第二臨調および行革会議が主導した行政改革をとりあげる．3つの審議会は内閣制度，行政組織制度，公務員制度，中央地方関係といったさまざまな領域における行政活動の在り方の大幅な見直しを要求する答申を提出してきた．

　第一臨調は，1960年代に設置された審議会である．第一臨調の目標は，行政の近代化・合理化にあった．この目標が掲げられた背景には，高度経済成長を迎えた日本の社会にふさわしい行政を実現しなければならないといった当時の社会における意識があった．こうした意識に基づいて，第一臨調は多様な行政需要に機動的に対応できる行政を志向する提言を最終答申として提出した．

　第二臨調は，1980年代における行政改革を主導した審議会である．第二臨調には「増税なき財政再建」という著名なスローガンがある．このスローガンが示すとおり，第二臨調は行政活動に必要となる費用の削減を主要な目標としていた．実際に，第二臨調の最終答申では行政の機動的な活動による問題解決を重視しながらも，その活動範囲は縮小すべきといった提言がなされた．

　行革会議は，1990年代末に行政の改革を提言した審議会である．1990年代には，行政の失敗および公務員の不祥事による国民の行政への信頼の低下があった．この問題に対応するために，行革会議は「この国のかたち」の再構築を目標に掲げた．この目標のもとで，行政組織の有効性および透明性を向上させるための改革措置が最終報告において提言されることとなる．

　これらの日本の行政改革を担った審議会が行政の責任をどのように考えてきたのかをレスポンシビリティおよびアカウンタビリティを用いて明確にする．より具体的には，それぞれの行政改革があった時代において共有されていた行政に対する問題意識を把握し，その問題の解決のために提出された最終答申の内容を2つの責任概念から把握していく．

　なお，この研究では行政組織の制度・組織・運営に関する改革のなかでも，

行政組織のレスポンシビリティおよびアカウンタビリティに影響を与えた改革を検討する．すなわち，この研究では考察の対象として行政組織を念頭に置く[1]．

研究の手順は，以下に示すとおりである．第1節では2つの責任概念から分析の枠組みを構築する．第2節からは，その分析の枠組みを用いて第一臨調（第2節），第二臨調（第3節）および行革会議（第4節）の最終答申を読み解いていく．具体的には，それぞれの審議会の概要，審議会が最終答申において重視した行政責任の考え方，および特定の責任を重視した理由に焦点を当てる．

1．責任概念を用いた分析枠組みの構築

本節では，前章で定義したレスポンシビリティおよびアカウンタビリティを行政改革の考察に適した分析の枠組みにする．

（1）レスポンシビリティ

レスポンシビリティとは行政組織が自ら任務を設定し，それを適切に遂行することで果たす責任である．責任の確保における行政組織の自律性の高さから，レスポンシビリティは自律的責任とも呼ばれる．この責任概念のルーツは，上述のFriedrichの責任論である．

レスポンシビリティにはさまざまな特徴があるが，ここでは行政改革の考察に必要となる3つの特徴をとりあげる．すなわち，非制度的責任，内部的な責任および能動的な責任といった特徴を検討する[2]．

第1に，レスポンシビリティは非制度的な責任である．非制度的な責任とは，責任の内容および手続きが法令などの基準によって特定されていない状態を意味する．したがって，レスポンシビリティは行政組織の活動に関する広い裁量を前提とした概念であるといえる[3]．裁量とは，法令の枠内で認められた行政組織における自由な判断の余地である［宇賀 2017：324］．裁量の付与を通じて行政活動における柔軟性が高まり，公務員および行政組織が有する専門性が活動

に反映されやすくなる．さらに，自由な判断の余地は行政組織の意思決定および実施活動における迅速さの向上につながる．反面，自由な判断の余地に行政組織の主観的あるいは恣意的な判断が含まれる危険性がある［森田 2007：323］．

　第2に，レスポンシビリティは内部的な責任である．内部的な責任では，責任の判定が行政の内部でなされる［山谷 1991：161］．すなわち，ある公務員および行政組織が責任を果たしたか否かを，その公務員および行政組織自身が，もしくは上位の公務員あるいは行政組織が判断する．内部的な責任では，判断の主体が責任の内容に関して理解を有する．したがって，判断の結果における適切さが確保されやすい．反面，行政内部での身内意識から甘い判断あるいは判断の回避が生じるおそれがある[4]．

　第3に，レスポンシビリティは能動的な責任である．レスポンシビリティの過程は，行政組織が自らの果たすべき責任を定義する段階，そして責任の実現に向けて努力する段階に大別できる．この過程において，主導権は行政組織にある．すなわち，レスポンシビリティは行政が能動的に果たす責任である［山谷 2002：167］．この特徴によって，行政の専門性が責任を果たす過程に反映される可能性が高まる．ただし，行政外部の主体の関与が弱くなり，国民の願望と行政の活動が乖離するおそれがある．

　これらの特徴を持つレスポンシビリティは，行政に対する高い信頼を背景として成立する責任であろう[5]．レスポンシビリティに含まれる3つの特徴は専門性を有する行政が迅速かつ柔軟に社会的な問題を解決する可能性を高める反面，国民あるいは議会の要望から乖離した恣意的な行政活動の危険性を高める［西尾 1995：269］．レスポンシビリティを肯定する主張は，後者の危険性が行政の自己規律によって抑制されると考える．第2章において言及したように，自己規律の方向性としては Friedrich の主張した機能的責任および政治的責任がある．

　最後に，行政組織のレスポンシビリティは能力としての意味と範囲としての意味で用いられることを指摘したい．この意味の区別が行政改革における責任

の考え方を考察する際に必要になるからである．

　能力としてのレスポンシビリティとは，行政組織が自律的に社会的な問題を解決することで果たす責任を意味する．Friedrich の研究および日本における行政責任論の先行研究は，この意味でのレスポンシビリティを議論の対象としてきた．行政組織がこのレスポンシビリティをより適切に果たすためには，社会的な問題とその解決方法に関する専門性が必要になる．さらに，それらの専門性を活動に反映するための裁量も必要となろう．したがって，能力としてのレスポンシビリティは，行政における専門性の向上および行政活動を規制する手続きの緩和を目的とする改革によって拡充する．

　他方で，範囲としてのレスポンシビリティとは，それぞれの行政組織が社会的な問題の解決に責任を負う領域を意味する．すなわち，行政が社会に介入できる領域を表している．行政の実務においては，各省庁設置法において規定されている所掌事務，あるいは行政の守備範囲論において範囲としてのレスポンシビリティが議論されてきた．実際に，この意味でのレスポンシビリティは，日本の行政改革において議論の対象となってきた．具体的には，後述の第一臨調における行政需要への対応および第二臨調における行政の責任領域の見直しは範囲としてのレスポンシビリティに関係する議論であった．

（2）アカウンタビリティ

　アカウンタビリティとは国民あるいは議会といった行政外部の主体が行政組織の任務を設定し，行政組織による任務の遂行を統制することで，行政組織に果たさせる責任である．この定義から，アカウンタビリティは日本の行政責任論において他律的統制と呼ばれてきた．この責任の概念は，Finer の責任論を基盤としている．

　ここでとりあげるアカウンタビリティの特徴は3つである．具体的には，制度的責任，外部的な責任および受動的な責任を検討する．

　第1に，アカウンタビリティは制度的な責任である．制度的責任とは，責

任が法令などの基準によって特定されている状態を意味する．より具体的には，行政組織の果たすべき責任の内容および手続きに加えて，行政組織が責任を果たせなかった場合の制裁が基準によって規定されている状態を指す［山谷 1991：162］．行政外部の主体がこの基準を提示することで，行政組織による判断のなかで自らの意思を考慮させることが可能となる．すなわち，基準の制定には行政組織の恣意的な活動を防ぐ効果がある[6]．ただし，責任の過剰な制度化は行政組織の活動に必要となる手続きを増やし，行政活動における迅速さと柔軟さを損ねるおそれがある．この問題は，アカウンタビリティの過剰（accountability overloads）の問題として議論されている［Halachmi 2014：560-63］．

　第2に，アカウンタビリティは外部的な責任である．外部的な責任においては，公務員および行政組織が責任を果たしたか否かが行政外部の主体によって判断される．行政外部の主体は行政内部に所属する主体よりも，行政組織におけるしがらみに捉われない判断をしやすい．したがって，少なくとも行政内部で責任を判断するよりも，公正な判断が下される可能性は高くなるであろう．ただし，行政組織の活動が高度に専門的であり，行政外部の主体がその専門性を欠く場合には，判断における適切さの確保が困難になる．

　第3に，アカウンタビリティは受動的な責任である．アカウンタビリティの過程は，行政外部の主体が責任判定の基準を行政に提示する段階，そして行政組織が責任を果たしたか否かを追及する段階に大別できる．この過程において，行政組織には所与の基準の遵守が求められ，行政外部の主体から責任を追及された場合には自らの行為と基準との適合性を説明しなければならない．すなわち，アカウンタビリティは行政組織の側から見ると受動的な責任である［山谷 2002：162］．この特徴は，国民あるいは議会の願望と行政活動が乖離する危険性を低下させる．ただし，行政外部の主体が主導するため，行政組織が自らの専門性を積極的に責任の内容に反映させることは難しい．

　これらの特徴を持つアカウンタビリティの背後には，恣意的な行政活動に対する問題意識が存在する[7]．アカウンタビリティにおける3つの特徴は行政外部

の主体が提示した方針から行政組織の活動が乖離する危険性を縮減させる反面，行政組織が専門性を発揮し，自律的に社会的な問題を解決することにブレーキをかける［西尾 1995：269］．アカウンタビリティを肯定する主張は，両者の間の価値判断において後者に重点を置く傾向にある．

　行政組織のアカウンタビリティは行政外部の主体が行政組織を統制するための制度を新設したり，既存の制度を改善したりする改革によって向上する[8]．制度の新設を通じて行政組織の自律的な活動に任せられていた領域に外部の主体による統制が導入される．他方で，既存の制度の改善によって，行政組織に対する統制の密度を高められる．制度の改善の規準としては，情報の公開，基準の明確化，手続きの詳細化およびより多くの主体の統制過程への参加がある．

　以上，レスポンシビリティおよびアカウンタビリティを整理した．レスポンシビリティには非制度的，内部的および能動的な責任といった特徴がある．この概念は，行政による柔軟かつ機動的な社会問題の解決に適した責任確保の形態を示している．他方で，アカウンタビリティには制度的，外部的および受動的といった特徴がある．この概念は，行政による恣意的な活動を防ぐために行政外部の主体が行政を統制する必要性を強調する．

　さらに，2つの責任概念から行政改革をどのように把握できるのかを検討した．まず，レスポンシビリティを能力としてのレスポンシビリティおよび範囲としてのレスポンシビリティに分類した．そして，それぞれの責任概念がどのような行政改革によって影響を受けるのかを指摘した．つぎに，アカウンタビリティは制度的な責任であり，行政を統制するための制度の新設あるいは既存の制度の改善によって拡充すると指摘した．次節からは，これらの枠組みを用いて，第一臨調，第二臨調および行革会議が行政の責任をどのように考えたのかを把握していく．

2. 第一臨調における行政の責任

(1) 第一臨調の概要

　第一臨調は1961年に池田勇人内閣の下で成立した臨時行政調査会設置法案によって翌年に設置された審議会である[9]．第一臨調の設置前に行政改革を担当していた第五次行政審議会は自らが直面した限界も踏まえて，その最終答申においてアメリカのフーバー委員会のような権威の高い審議会に行政改革を担当させる必要性を指摘した．この要請に応えて設置された第一臨調では，佐藤喜一郎三井銀行元会長が会長を務めた．そして，佐藤を含めて，経済界，学界および労働界を代表する7人の委員のもとに専門委員および調査委員が任命された．その後，第一臨調は1964年に最終答申を政府に提出し，解散した．

　第一臨調が設置された背景には，太平洋戦争後の復興から経済成長が始まった時代までの行政の非能率性に対する国民の不満があったといわれる．第一臨調は当時の行政に対する国民の不満を最終答申において以下のように指摘した[10]．すなわち，社会の発展とともに「行政は質的にも変化し，量的にも拡大」したにもかかわらず，行政組織が「現代の緊要な行政事務を能率的に処理する体制にない」状況に国民の不満があると認識されていた．こうした不満を解消するため，第一臨調は増大する行政需要に対応するための行政の近代化・合理化の実現に資する答申の提出を自らの任務とした［佐藤・蝋山 1964：11-2］．

　第一臨調は，最終答申において当時の行政が抱える課題を克服するための提言を1000頁以上にわたって記述している．この最終答申は，総論および各論に大別できる．総論および各論の概観は表3-1のとおりである．第一臨調は総論において，自らの行政改革における6つの目標を示している．各論では総論に掲げられた目標を実現するために，第一臨調が検討した対象が示されている．すなわち，16項目の各論に記載された提言は6つの総論を実現するための手段となる．

表3-1　第一臨調における総論と各論

> 総論（改革の目標）
> ① 総合調整機能の強化
> 　行政目的の一体的な実現のために，内閣が各省庁間の活動を，各省が内部部局の活動を総合的な見地から調整する機能を向上させる．
>
> ② 行政における民主化の徹底
> 　国民に便利な行政，公務員の態度の民主化および国民の意見に沿う審議会や行政委員会の運営を実現させる．
>
> ③ 行政の膨張の抑制と行政事務の中央偏重の排除
> 　行政の膨張を抑制するために，行政事務の範囲と限界，行政運営の合理的な方法および行政機関の設置基準に関する研究を進める．また，中央省庁が企画立案を担い，地方自治体が実施を担う体制を作り，事務の中央偏重を排除する．
>
> ④ 行政運営における合理化と能率化の推進
> 　民間企業の原理および技術の行政への導入を通じて，行政における原価意識の欠如，画一主義および形式主義の弊害，具体的達成目標の欠如を改善させる．
>
> ⑤ 新しい行政需要への対応
> 　社会の発展とともに生じるさまざまな行政需要に即応できる行政を実現させる．第一臨調は即応すべき行政需要として，広域行政，首都行政，科学技術行政，青少年行政，消費者行政，貿易関係行政，公害行政をあげている．
>
> ⑥ 公務員精神の高揚
> 　公務員の職務に対する自覚と情熱を引き出す必要がある．具体的には，政治的中立性の確保，合理的人事管理の実施および職員の勤務条件の改善を実現させる．
>
> 各論（総論に基づく改革を実施すべき対象）
> ① 内閣の機能，② 中央省庁，③ 行政事務の配分，④ 許認可，⑤ 行政機構の統廃合，⑥ 公社公団，⑦ 事務運営，⑧ 予算会計，⑨ 公正の確保，⑩ 公務員制度，⑪ 共管競合事務，⑫ 首都行政，⑬ 広域行政，⑭ 青少年行政，⑮ 消費者行政，⑯ 科学技術行政

出典：久世［1964a；1964b］を参考に，筆者作成．

（2）第一臨調におけるレスポンシビリティの拡大

　第一臨調は，最終答申において行政組織の自律的な活動を通じた社会的な問題の解決を志向した．すなわち，第一臨調の最終答申からは，レスポンシビリティを肯定する姿勢が読み取れる．具体的には，第一臨調は第1節で指摘した行政組織の能力および範囲としてのレスポンシビリティの向上につながる提言

を行った．以下では最終答申の記述に基づいて，こうした事実を確認する．

まず，第一臨調は最終答申の各論「事務運営の改革に関する意見」において，手続きの緩和を通じた能力としてのレスポンシビリティの強化を提言した．具体的には，行政組織における合法性の過度の遵守が活動の鈍化・硬直化を招くと批判し「過ちを犯したときには簡易に是正する制度を整えておくならば，速さを確保するためには若干の過誤はやむをえない」とする感覚の必要性を強調する．そして，法律規定の画一性の最小化および手続きに関する裁量の拡充を勧告した．具体的な勧告として，国家行政組織法における内部組織編成に関する規制の緩和および稟議制のような意思決定過程の簡素化がある．さらに，行政組織の活動の基準を手続きの遵守から成果の実現に変えるために，業績評価制度の確立が提言された．

また，公務員の専門性の向上を通じた能力としてのレスポンシビリティの強化も提言された．具体的には，行政研究所の設置構想および公務員制度の改革がある．第一臨調は，「事務運営に関する意見」における最後の部分において能率的かつ経済的な行政運営を研究する必要性を主張した．そのために，行政研究所を設置し，そこでの研究成果を活用した研修によって公務員の専門性を向上させるべきであると提言した．くわえて，「公務員に関する改革意見」において，公務員の専門性の向上が志向された．たとえば，本省庁所属の局長および課長級職員に対する研修の徹底，専門職職員の選抜・養成に関する制度の確立が提言された．公務員の専門性の向上は行政組織内部における専門性の向上に直結する．この点において，これらの改革は行政組織の能力としてのレスポンシビリティの向上策となる．

つぎに，第一臨調は範囲としてのレスポンシビリティの拡大を提言した．第一臨調の委員であった蠟山政道は首都圏行政，広域行政，青少年行政，消費者行政，科学技術行政，貿易行政，経済協力行政および公害行政における行政需要の増加への対応が審議されたと話している［佐藤・蠟山 1964：14-5］．最終答申において，第一臨調はこれらの行政需要に対応するための行政の機構整備の

必要性を説いている［吉富 1965：10-1］．この勧告が国土庁，青少年行政局，国民生活局の設置および科学技術基本法の制定につながった［古橋 1984：55；増島 2003：8］．これらの行政組織の新設は，行政が社会に介入する領域の拡大を意味する．すなわち，第一臨調は行政の範囲としてのレスポンシビリティの拡大をも肯定したのである．

　他方で，アカウンタビリティ向上のための制度改革に関する提言もあったが，その実現はなかった．確かに，第一臨調は最終答申における「行政の公正確保」において許認可等における行政の恣意性を防ぐための統一的な行政手続法の整備を要請した［市原 1964］．実際に，第一臨調は行政手続法の草案を作成し政府に提出した．しかし，行政手続法の制定は時期尚早であるとの批判があり，実現されなかった［江澤・村上・辻ほか 2006：9］．さらに，業績測定はアカウンタビリティの手段となる制度でもあるが，第一臨調では上述のように行政組織の能力としてのレスポンシビリティを向上させる文脈のなかで提言された．

　第一臨調の最終答申においてレスポンシビリティの拡大に力点が置かれた理由として，当時の日本の社会において多様な行政需要が発生していた事実がある．たとえば，教育や環境といった福祉領域および道路の整備といったインフラ領域での行政需要の急激な拡大があった．政府がこれらの新規の行政需要に対応するには，行政組織による迅速かつ柔軟な活動が社会におけるさまざまな領域において展開される必要がある．したがって，行政の能力強化および活動範囲の拡大が望ましい方針となる．実際に，第一臨調は最終答申において「積極行政に対する国民の要望は近代行政の顕著な面である」として，新規の行政需要を特定し，その需要に応えるための行政組織の設立を勧告した．

　このような理由に基づくレスポンシビリティ拡大の前提条件として，高度経済成長による財政の安定化がある．第一臨調の設置期間は，日本が高度経済成長を実現していた時代に重なる．この時期における歳入の伸びは，歳出の拡大を是認させる働きを有していた．したがって，第一臨調は歳出減の方策よりも，行政組織が新規の行政需要にどのように応えていくかを議論の焦点にしたので

ある［村松 1983：150-51；加藤 1985：86］．

　くわえて，第一臨調の審議にはレスポンシビリティの見直しを妨げ，その拡大を肯定せざるを得なくするような制約が存在していた．具体的には，臨時行政調査会設置法の付帯決議において公務員の人員整理および身分の変更に関する審議が制限されていた．さらに，審議では「直接政治や政策にかかることは原則的に触れない」方針が採用された．これらの制約によって，第一臨調は自らの目標である行政の近代化・合理化の方針を十分に審議できなかった［西尾 1966：199；福沢 2010：116］．実際に，蝋山はこの制約が委員会における議論の対立の回避に有効ではあったが，踏み込んだ改革意見に関する議論の妨げになったと認めている［佐藤・蝋山 1964：15］．このような理由から，第一臨調が目指した行政の合理化は戦前から存在する不要な行政組織あるいは戦後改革初期に創設された不要な行政組織のなかで，廃止あるいは縮小に対して政治的な反対が少ない組織の見直しにとどまった[11]．

　以上，第一臨調の最終答申を行政責任論の観点から考察した．第一臨調は，第1節で指摘したようなレスポンシビリティを拡大する方針を提言した．その理由は，第一臨調の設置期間における行政を取り巻く環境にあった．すなわち，多様な行政需要の充足に対する高い期待が高度経済成長による歳出増によって是認されることで，レスポンシビリティの拡大が正当化された．この環境の下で，第一臨調の目標であった行政の近代化・合理化は行政機構の限定的な見直しにとどまった．こうした見直しは，歳入減を背景とする第二臨調において中心的な課題となった．

3．第二臨調における行政の責任

（1）第二臨調の概要

　第二臨調は，1981年に鈴木善幸内閣における中曽根康弘元行政管理庁長官の主導で成立した臨時行政調査会設置法によって設置された審議会である[12]．第二

臨調の組織および任務の設定では，第一臨調がモデルにされた［西尾 2001：375；増島 2003：11］．すなわち，第二臨調においても各界の権威ある人物が委員に任命され，行政全般に対する改革意見の提出が任務となった．第二臨調の会長は経団連元会長である土光敏夫であった．第二臨調の委員は土光を含めた9人であり，その下に専門委員，顧問および参与が任命された．第二臨調は1983年に最終答申を政府に提出し，解散した．

　第二臨調が設置された目的は，1973年の石油ショックによって打撃を受けた財政の再建であった．石油ショックの影響から日本は低成長の時代に突入し，歳入が低下した．他方で，石油ショック以降も行政の活動領域は拡大を続け，歳出は増加していた．このギャップによる財政赤字が問題と認識され，大平内閣は1979年に一般消費税の導入を試みた．しかし，一般消費税による歳出増の構想は国民の強い反対により失敗した．そこで，歳出の拡大を続けてきた行政の改革が政府の方針となり，第二臨調がその実行を担った［緒方 1983：52-4；臨時行政調査会 OB 会編 1983：3］．第二臨調の著名なスローガンである「増税なき財政再建」には行政全般にわたる改革意見のなかでも，とくに歳出削減に対する社会からの高い期待を第二臨調が意識していたことが表れている．

　第二臨調は「増税なき財政再建」実現のために，行政の責任領域の見直しという考え方を採用した．この考え方は，行政管理庁に設置された研究会である行政管理基本問題研究会が発行した『今後における政府・公共部門の在り方と行政改革』に示されている［行政管理研究センター 1979］．報告書は行政が自律的に活動する領域を行政の責任領域と定義し，その責任領域を不要不急の事務の廃止，地方自治体への事務の権限移譲，民間部門による事務の機能代替の観点から見直す必要性を強調する．江澤ほかが指摘するように，第二臨調の歳出減に関する提言はこの報告書の考え方に基づいている［江澤・村上・辻ほか 2006：18］．

　責任領域の見直しは，行政組織の政策あるいは事務事業の内容にまで踏み込む．不要な事務の廃止，国から地方へ，官から民へといった判断は，当該事務

表3-2 第二臨調最終答申の目次

序　章	第5章　許認可等
第1章　行政組織	1．改革の方向
1．改革の方向	2．許認可等の整理合理化
2．総合調整機能の強化等	3．新設の審査と定期的見直し
3．内部部局の再編合理化	第6章　公務員
4．附属機関等の整理合理化	1．改革の方向
5．自己改革と今後の課題	2．一般公務員制
第2章　現業・特殊法人等	3．外務公務員制
1．改革の方向	4．特殊法人等の役職員
2．現業等の合理化	第7章　予算・会計・財政投融資
3．特殊法人等の整理合理化	1．改革の方向
4．特殊法人等の活性化方策	2．予算・会計制度
第3章　国と地方の関係及び地方行政	3．特別会計制度
1．改革の方向	4．財政投融資
2．地方支分部局の整理合理化	第8章　行政情報公開，行政手続等
3．地方事務官制度の廃止	1．改革の方向
第4章　補助金等	2．行政情報の公開と管理
1．改革の方向	3．行政手続制度
2．補助金等の整理合理化	4．OA等事務処理の近代化
3．整理合理化の一般的方策	5．オンブズマン等行政監視・救済制度
	6．おわりに

出典：臨時行政調査会OB会編［1983］を参考に，筆者作成．

　事業の内容を評価せずにはなしえない．政策の内容に踏み込む点において第二臨調と第一臨調では違いがある［大森 1982；佐々木 1985：7-9］．行政の合理化を掲げた第一臨調では，「直接政治や政策にはふれない」方針の下で，事務事業の内容を検討の対象にしなかった．他方で，第二臨調はその最終答申において社会保障，公共事業，農業および教育における事務事業の内容を評価し，事務の縮小や廃止，自治体への権限移譲あるいは民間への委託を提言し，歳出削減を試みた．

　第二臨調は最終答申において，さまざまな行政の課題を包括的に検討している．最終答申の章立ては，表3-2のとおりである[13]．表3-2において，「整理合理化」が用いられている節が多い．この語を含む節では，各省庁の抱える特定の組織あるいは事業の廃止，縮小，民営化あるいは地方移譲が提言されてい

る．このように，第二臨調はさまざまな行政課題のなかでも，既存の行政組織および事務事業の削減を通じた財政再建に焦点を当てたのである．

(2) 第二臨調におけるレスポンシビリティの再考

　第二臨調は，第一臨調と比べて行政組織のレスポンシビリティを再考する姿勢をとった．第1節で指摘したように，レスポンシビリティには行政組織の能力を表す意味と活動の範囲を表す意味がある．第二臨調は前者の意味におけるレスポンシビリティを一定程度肯定したが，その範囲に対しては厳格な縮小を提言した．上述の行政の責任領域の見直しは，まさに範囲としてのレスポンシビリティ縮小のために用いられたのである．以下では，こうした第二臨調の試みを最終答申に基づいて確認する．

　まず，第二臨調は行政の能力としてのレスポンシビリティを重視している．第3次答申によると，第二臨調が理想とする活力ある福祉社会は大きな政府と同義ではないが，同時に行政活動の必要性を過度に狭くとらえる小さな政府でもない[14]．また，最終答申においても「国民の福祉のため真に必要な施策」を行政組織が積極的に展開する必要性を強調した．このように，第二臨調は行政の能力としてのレスポンシビリティを向上させる必要性を肯定している．実際に，第二臨調は組織編成に必要な手続きを緩和するための国家行政組織法の改正を提言し，提言に基づいて国家行政組織法が1983年に改正された．改正によって，内部部局の編成が法律事項から政令事項になり，行政組織による行政需要の変化に応じた迅速かつ柔軟な再編成が可能になった［増島 1984a；1984b］．

　つぎに，第二臨調は行政の範囲としてのレスポンシビリティの縮小に向けた見直しを提言した．最終答申では行政による国民の福祉のために必要な施策の自律的な展開が認められたが，その際に行政は自身の活動を「民間の自由な活動を十分に保証する最小限のもの」としなければならないと強調する．具体的には，「規制・保護を主眼とする行政姿勢を，国民の自主的な活動の調整・補完を主眼とするものに転換する必要」があると指摘する．この姿勢の転換のた

めに，第二臨調は行政組織の整理，現業・特殊法人の整理，地方への権限の委任，各種の補助金および許認可による介入行政の縮小を勧告している．このように，第二臨調は行政組織の活動範囲の拡大に歯止めをかける意図を有していた．

第二臨調は活動範囲の見直しを行政組織の能力としてのレスポンシビリティのなかに位置づけた．具体的には，第二臨調は最終答申において「各省庁は所管行政について責任を有している立場から，自らの組織について常に見直しを行い，変化に対応して簡素で効率的な組織にするための改革努力を行うべき」であると指摘した．この指摘から，第二臨調は公務員および行政組織による自律的な責任領域の見直しを求めていると理解できる［大森 1982：12-3；1983：28］．すなわち，第二臨調は行政の能力としてのレスポンシビリティの内容に範囲としてのレスポンシビリティの見直しが追加されることを期待したのである．

他方で，第一臨調と同様に，第二臨調においてもアカウンタビリティに関する改革は中心的な課題ではなかったと考えられる．確かに，第二臨調の最終答申において行政手続，情報公開およびオンブズマン制度に関する法整備が要請されている[15]．これらの制度は国民が行政組織の不当な活動に対して外部から責任を追及する際の基盤となる．しかし，こうしたアカウンタビリティの制度は第二臨調の最終答申の実現過程において整備されなかった．

第二臨調がレスポンシビリティの見直しを強く要求した第1の理由として，石油ショックによる歳入の低下があった．上述のように，第一臨調の審議期間は高度経済成長期に重なった．こうした環境において議論の焦点は行政の効率化よりも，新規の行政需要にどのように対応するかであった．これに対して，第二臨調の審議期間には石油ショックによる歳入の深刻な減少があった．したがって，議論の焦点は行政の責任領域の見直しを通じた歳出減の方策となった［緒方 1983：52-4；門松 2010：135］．

さらに，第2の理由として，先進各国における高福祉・高負担路線の見直しを主眼とする改革の実行もあった．諸外国における改革として，イギリスの

Thatcher 政権およびアメリカの Reagan 政権による行政改革がある．これらの改革では行政が抱えるさまざまな問題が総合的に検討された[16]．そのなかでも，歳出の減少に対応するための福祉国家路線の修正が主要な課題であり，行政の責任領域の見直しはその手段として実行された．大嶽秀夫が中曽根康弘に実施したインタビューにおいて，中曽根は Thatcher および Reagan の行政改革を参考にしたと話している［大嶽 1997：45-6］．このように，先進各国の行政改革が第二臨調における範囲としてのレスポンシビリティの縮小の実行に影響を与えていた．

　以上，第二臨調における責任の考え方を考察した．第二臨調は，行政組織の範囲としてのレスポンシビリティの拡大に対する抑制を試みた．実際に，第二臨調では既存の行政組織と事務事業の廃止，地方への移譲あるいは民間への移譲が可能であるか否かを包括的に見直した．そして，最終答申では責任領域の見直しを行政組織がレスポンシビリティに基づいて果たすべきであると指摘した．こうした責任の考え方の背景には，石油ショックによる歳出減および諸外国における行政改革の影響があった．他方で，アカウンタビリティの拡充に関する提言は第一臨調と同様に，中心的なテーマではなかった．行政組織に対するアカウンタビリティの強化は，行革会議が設置された1990年代に大きく進展する．

4．行革会議における行政の責任

(1) 行革会議の概要

　行革会議は，橋本龍太郎元総理が総理府令の一部改正を通じて設置した審議会である[17]．行革会議は政令によって設置された点において，法律によって設置された第一臨調および第二臨調とは異なる．政令設置の理由は，橋本元総理が国会の介入を可能な限り抑制し，行革会議での審議を自らがリードする意欲を持っていた点にある［城山 2001：22-3；神崎 2010：158］．第一臨調および第二臨

調の会長と会長代理は民間有識者であったが，行革会議では橋本元総理自らが会長となり，会長代理は総務庁長官が務めた[18]．行革会議では政治家，産業界，学界および労働界から13名の委員が任命され，水野清元内閣総理大臣補佐官を事務局長とする事務局が設置された．行革会議は，1997年の12月に最終報告を提出した．

　行革会議が設置された目的は，1990年代における国民の行政に対する不信の払しょくにあった．当時の行政に対する不信の原因は，政策の失敗および公務員の不祥事であるといわれる．まず，政策の失敗とは社会的な問題に対する行政の対応の失敗を意味する．具体的には，住専問題および薬害エイズ問題がある．つぎに，公務員の不祥事として，大蔵省の接待に関する不祥事および厚生省事務次官の汚職があった[19]．これらの出来事によって，国民が日本の行政は制度疲労にあると考えるようになった［田中 2006：9；神崎 2010：158］．したがって，行政改革による行政の能力および信頼の向上が政府の課題になった［行政改革会議事務局 OB 会編 1998：3］．

　こうした時代背景の下で，行革会議は「この国のかたち」の再構築を目標に掲げた．このスローガンは，最終答申で示されたように「制度疲労のおびただしい戦後型行政システムを改め，〔中略〕21世紀型システムへと転換すること」を含意する[20]．行革会議は戦後型行政の問題点を「個別事業の利害や制約に拘束された政策企画部門の硬直性，利用者の利便を軽視した非効率的な実施部門，不透明で閉鎖的な政策決定過程と政策評価・フィードバックの不在，各省の縦割りと，自らの所管領域には他省庁の口出しを許さぬという専権的・領土不可侵的所掌システムによる全体調整の機能不全」にあると捉えている．

　行革会議は最終報告において，戦後型行政の抱えるいくつもの問題に対する解決策を提言した．最終報告の構成は表3－3に示してある．それぞれの章における提言を概観すると以下のとおりである．すなわち，「内閣機能の強化」では内閣総理大臣の指導力強化，内閣府の設置および内閣官房の権限の強化に関する提言があった．「新たな中央省庁の在り方」では1府22省庁から1府12

表 3-3 行革会議の最終報告の目次

はじめに	Ⅳ　行政機能の減量（アウトソーシング），効率化等
Ⅰ　行政改革の理念と目標	1．基本的な考え方
Ⅱ　内閣機能の強化	2．減量（アウトソーシング）の在り方
1．基本的な考え方	3．規制行政，補助行政等の見直し
2．「内閣」の機能強化	4．組織の整理・簡素化，定員の削減
3．内閣総理大臣の指導性の強化	Ⅴ　公務員制度の改革
4．内閣及び内閣総理大臣の補佐・支援体制の強化	1．基本的な考え方
Ⅲ　新たな中央省庁の在り方	2．主要な改革の視点と方向
1．基本的な考え方	3．中央人事行政機関のあり方
2．省の編成	Ⅵ　その他
3．内部部局及び外局	1．行政情報の公開制度
4．新たな省間調整システム	2．地方行財政制度の改革
5．評価機能の充実強化	未来に向けて（結びにかえて）
6．審議会等	
7．特別の機関	
8．今後の検討課題	

出典：行政改革会議事務局 OB 会編［1998］を参考に，筆者作成．

省庁への大括り再編，企画立案と実施の分離および政策評価の導入に関する提言があった．「行政機能の減量（アウトソーシング），効率化等」では廃止，民営化，民間委託あるいは独立行政法人化の観点からの既存の行政組織の再検討が要請された．「公務員制度の改革」では政府全体からの人材の確保に関する提言があった．

　スローガンである「『この国のかたち』の再構築」が示しているように，行革会議は従来の行政の在り方における問題点を総合的に検討している．以下では，行革会議の提言のなかでも，レスポンシビリティおよびアカウンタビリティに関係する提言を取り上げる．すなわち，「新たな中央省庁のあり方」における中央省庁再編，企画立案と実施の分離および政策評価が行政のレスポンシビリティに与えた影響を考察する．そして，アカウンタビリティに関する提言として，行革会議が掲げた目標である透明性の意義および政策評価を考察する．

（２）行革会議におけるアカウンタビリティの強調

　行革会議は従来の行政改革とは異なる．たとえば，1960年代以降，安定していた府省編成を大幅に変更する中央省庁再編を提言した．これは行政組織の能力としてのレスポンシビリティを向上させる試みとしても理解できる．さらに，アカウンタビリティに関しても，第1節で指摘した透明性の向上を改革の目標として答申に明記した．くわえて，透明性の実現のために情報公開制度および政策評価制度の導入を勧告し，実現させた．

　まず，行革会議は，1府22省庁体制を1府12省庁体制に再編成する提言を出した．この中央省庁再編には，4つの原則があった．すなわち，①行政全体の任務を軸に，所掌事務の類似性にも配慮するという「目的別省編成」，②広い視点からの政策形成を可能にするため，可能な限り総合性および包括性をもった行政組織を設置するという「大括り編成」，③相反する任務を有する行政組織は分離し，調整過程における透明性を確保するという「利益相反性への考慮」，④各省間で対等な政策論議を可能にするための「省間バランス」があった．

　中央省庁再編は能力としてのレスポンシビリティの向上につながる．上述の原則のなかでも，目的別省編成は行政組織による能力としてのレスポンシビリティの遂行をより容易にする措置である．なぜならば，目的別省編成によってそれぞれの行政組織の任務が明確化および限定化されることで，ある行政組織が社会的な問題を解決するために必要な活動および専門性も明確になるからである．また，大括り編成によって，複数の行政組織が併合されてできた新しい行政組織はより広い観点からの政策立案が可能になると期待されていた．さらに，大括りされた行政組織ではそれまで複数の行政組織の間で行われていた活動の諸段階における調整の過程が内部化されることになり，より迅速に問題解決に取り組めるようになるとも考えられていた．このように，中央省庁再編には能力としてのレスポンシビリティを向上させる意図があった．

　つぎに，専門性の向上に関する方針として政策の企画立案と実施の分離があ

る．行革会議は企画立案と実施の密接な関係よりも，両者の分離による責任の明確化を志向した［小早川・藤田 1998：35］．行革会議は，独立行政法人と外局の責任を効率的かつ質の高い実施に限定した［君村 2001：15-6；岡本 2008：5-6］．他方で，中央省庁の責任を有効な政策案の形成に限定した．こうした責任の限定を通じて，それぞれの組織が機能を果たすために必要となる専門性が明確になる．すなわち，組織が立てるべき計画，必要となる予算，採用し育成すべき人材がより明確になる．この明確化は，それぞれの組織による専門性の発揮を容易にし，行政組織による社会的な問題の適切な解決につながる．

　最後に，政策評価の導入がある．行革会議は最終報告において「政策は，その効果が常に点検され，不断の見直しや改善が加えられていくことが重要である」と指摘している．これを実現するために，政策評価の導入が提言された．政策評価導入の狙いは，分離された企画立案部門と実施部門との間の連携強化および評価によるフィードバックを通じた政策の改善にあった．企画立案部門による実施部門の評価結果の参照は実施を見据えた政策の形成を可能とし，実施部門による企画立案部門の評価結果の参照は政策目標の正確な理解を可能とする．さらに，自らの活動を評価した結果は政策の改善を行う際の有益な情報となる［山谷 2012：22］．このように，政策評価はレスポンシビリティの前提となる専門性を行政組織が蓄積する手段となる．

　なお，行革会議は第二臨調と同じく行政組織の範囲としてのレスポンシビリティの縮小に取り組んだ．たとえば，政策の企画立案と実施の分離という方針に基づいて，実施を担う組織の廃止，民営化，民間委託または独立行政法人化を可能な限り検討するように要請した．また，政策評価を責任領域の見直しの機会として活用することが新たな視点として加えられている．さらに，上述の中央省庁再編における大括り再編成によって，府省の数だけではなく，内部部局，地方支分部局といった府省内部の組織の総数および国の行政機関における定員も減少したと指摘されている［小森 2006：53-57］．

　さらに，行革会議はアカウンタビリティの向上を提言した．

まず，行革会議は改革の目標の1つに透明性をあげている．行革会議は，透明性が「行政情報の公開と国民の説明責任の徹底」によって実現されると定義した．第1節で述べたように，アカウンタビリティは国民あるいは議会による統制を通じて行政組織の責任を確保しようとする概念である．国民あるいは議会による行政組織の統制には，行政組織がどのように活動したのかに関する情報が不可欠となる．このような理由から，行革会議は透明性の向上のために，情報公開制度の早期創設，パブリック・コメント制度の導入および政策評価結果の公開を勧告した．実際に，行革会議の提言を受けて，行政機関の保有する情報の公開に関する法律（以下，「情報公開法」），行政機関が行う政策の評価に関する法律（以下，「政策評価法」）およびパブリック・コメント制度の創設が実現した．

つぎに，行革会議は多様な行政外部の主体によるアカウンタビリティの追及を提言している．具体的には，「政策の目的，内容，実現状況，修正の必要性の有無など」を記載した政策評価書の公開によって，政策の選択に関する「国民的議論を喚起」すべきであると指摘した．さらに，行革会議は行政による自己評価に任せるだけではなく，国会および会計検査院が行政組織の外部から自主的に政策評価を行う重要性を強調する．

こうしたアカウンタビリティの拡充に関する提言は，行革会議以前から存在していた．実際に，第三次臨時行政改革推進審議会における議論が1993年における行政手続法の制定につながった．行政手続法では「行政運営における公正の確保と透明性の向上」のために，国民を対象とする行政活動に関する手続きが規定されている．さらに，行政改革委員会はアカウンタビリティを説明責任と翻訳し，その実現に向けた議論を進めた［田中 1998］．情報公開法は行革会議の解散後である1999年に制定されたが，行政改革委員会は行革会議以前にアカウンタビリティの実現を目標とする議論を行っていたのである．このように，行革会議の提言は1990年代におけるアカウンタビリティ導入の流れの一部となる．

なぜ，1990年代からアカウンタビリティ導入の議論が始まったのであろうか．田中は理由として55年体制の崩壊，国際化および行政の失敗を指摘している［Ibid.：28-9］．田中の指摘に基づくと，1990年代における変化とアカウンタビリティの関係は以下のように説明可能である．

第1に，55年体制の崩壊によって，自由民主党の議員が官僚を統制する必要性に対する認識を強めた．1993年の政権交代によって野党となった自由民主党議員と官僚との接触の頻度は減少した．この経験から，自由民主党議員の一部は与党であった期間における官僚への過度の依存を反省し，議員による官僚の統制に基づく政策推進を目標にした［山口 2007：170-71；飯尾 2011：387-88］．行政組織外部からの官僚の統制は，アカウンタビリティに結びつく．したがって，こうした認識が自由民主党の政権復帰後におけるアカウンタビリティの拡充を促進した．

第2に，国際化によって日本の行政に透明性が求められるようになった．大来佐武郎は日本の行政の国際化を論じるなかで，欧米と同水準の透明性を実現する必要性を強調している［大来 1984：2］．実際に，1990年代の貿易摩擦問題によって日本の行政決定における不公正さおよび不透明さが諸外国に批判され，日本の行政組織は透明性を実現する取り組みを進めてきた［福田 1995：123-25］．透明性はアカウンタビリティの基盤である．したがって，国際化による透明性の要請はアカウンタビリティの拡充を促したのである．

第3に，行政による政策の失敗および不祥事の続発が行政統制の必要性を喚起した．レスポンシビリティは国民の行政に対する高い信頼を背景に成立する．1990年代以降における行政による政策の失敗および不祥事の続発は，レスポンシビリティの前提である行政への信頼を低下させた．この状況において，国民および国会が行政活動を統制する必要性が改めて認識されることになった．第1節で指摘したように，このような認識に応えるための責任概念はアカウンタビリティである．

行革会議は「『この国のかたち』の再構築」を掲げ，さまざまな行政の課題

に対する改革意見を提出した．行政責任の観点からは，アカウンタビリティの拡充を重点的に提言し，実現させた点に特色が見いだされる．こうした提言がなされた理由は，当時の行政の抱える課題がアカウンタビリティの導入によって解決される性質を有していた点に求められる．すなわち，行革会議のアカウンタビリティに関する提言は1990年代における55年体制の崩壊，国際化への対応および行政における政策の失敗と不祥事の続発を克服するための方針であったのである．

十 おわりに

　以上，本章では，日本における総合的な行政改革を対象とした事例研究を実施した．表3-4では，それぞれの行政改革の概要および行政責任に対する考え方が整理されている．表を補足する形で，考察の結果を振り返る．

　第2節では，第1節で整理した概念を用いて第一臨調における行政の責任に対する考え方を検討した．行政の近代化・合理化を掲げた第一臨調は，大規模な答申を政府に提出した．答申における行政責任の考え方は，行政組織のレスポンシビリティの拡大であった．第一臨調がこうした行政責任観をとった理由は，当時の高度経済成長の下で多様な行政需要への対応が正当化された点にあることを確認した．

　第3節では，第二臨調における行政の責任に対する考え方を検討した．「増税なき財政再建」をスローガンとした第二臨調は，行政の責任領域の見直しに基づいて政策および事務事業の内容を大幅に縮減すべきであると提言した．提言は，範囲としてのレスポンシビリティの抑制を意図していた．第二臨調が行政の責任領域の見直しを求めた理由は，第一臨調の時期との環境の違い，すなわち歳入の深刻な減少および諸外国における高福祉・高負担路線の見直しの流行にある．

　第4節では，行革会議における行政の責任に対する考え方を検討した．行革

表3-4　行政改革と行政責任

	設置期間	スローガン	行政責任の考え方
第一臨調	1961年11月～1964年9月	行政の近代化・合理化	レスポンシビリティの拡大
第二臨調	1981年3月～1983年3月	増税なき財政再建	レスポンシビリティの再考
行革会議	1996年11月～1998年6月	「この国のかたち」の再構築	アカウンタビリティの強調

出典：筆者作成．

　会議は「『この国のかたち』の再構築」を目標に掲げ，多様な改革の方針を提出した．そのなかで，政府の透明性の向上と説明責任の徹底が目標の1つとして位置づけられた．さらに，行革会議は目標の実現のために，情報公開制度，パブリック・コメント制度および政策評価制度の導入を提言した．行革会議の特徴は，第一臨調および第二臨調とは異なり，アカウンタビリティを重視した点にある．この特徴の背景には，1990年代における55年体制の崩壊，国際化および行政のミスの続発があった．

　このような考察を通じて，本章ではレスポンシビリティおよびアカウンタビリティの応用可能性を確認できた．第2章で指摘したように，日本における行政責任論の先行研究のほとんどは2つの責任概念に関する理論研究であった．したがって，2つの責任概念によって行政の実態がどのように把握できるのかは検証されてこなかった．第3章ではこれらの概念を分析の枠組みとして用いて，日本の行政改革における行政責任観の変遷を把握できた．結果として，本書の目的である行政責任論における概念の有用性の確認が一定程度，達成できたと考える．

　さらに，レスポンシビリティおよびアカウンタビリティのどちらが重視されるのかは，その時どきの行政を取り巻く環境に影響されることを明らかにできた．すなわち，ここでは第一臨調の審議時における高度経済成長と多様な行政需要の噴出，第二臨調の審議時における歳入の深刻な減少と先進各国における福祉国家の見直し，および行革会議の審議時における政権交代，国際化，行政の失敗を指摘した．ある主体が行政の責任という規範的な観念を検討するにあ

たってその時どきの社会環境に影響を受けるという事実を確認することは事例研究によらなければ不可能であったと考える．すなわち，ここに行政責任論における事例研究の意義がある．

ただし，本章にはそれぞれの審議会が提出してきた最終答申の個別的な考察が十分にできなかったという課題が存在する．ここでは，1つの章のなかで第一臨調，第二臨調および行革会議を取り上げた．こうした方針によって，日本における行政責任観の時代ごとの変遷の把握が可能となった．他方で，それぞれの審議会が提出した最終答申の内容は概括的にしか検討できなかった．この課題を克服するために，それぞれの審議会の最終答申に関する個別的かつ詳細な検討を行っていく必要がある．最後に，本書以降に取り組むべき研究課題として各審議会の個別的かつ詳細な検討があることを示しておく．

注
1) 本章および本章以降では，一定の所掌事務を備えた行政活動の単位となる公務員の集団を行政組織と総称する．本書では，行政組織として，内閣府設置法第49条第1項および国家行政組織法第3条第2項で規定される府，省，庁，委員会といった包括的な組織を念頭に置いている．ただし，例外的に，行政組織という言葉を用いて包括的な組織に含まれる内部部局に言及する場合がある．この場合には，その行政組織という言葉が内部部局を指していることが明確に理解できるように配慮する．
2) レスポンシビリティの3つの特徴および後述するアカウンタビリティの3つの特徴は，山谷が提示したレスポンシビリティおよびアカウンタビリティの特徴のうちの一部に基づいている．なお，山谷の整理は前章において2つの責任概念を紹介する際に言及している［山谷 1991；2002：167］．
3) 同様に，村松岐夫は自律的責任論が外的制御の枠から外れる領域（拡大された裁量）での行政責任を議論してきたと指摘する［村松 1974：25］．村松のいう自律的責任論とは，ここでのレスポンシビリティを対象とする研究を意味する．
4) たとえば，山谷は日本の政策評価制度をめぐる議論において行政による内部評価が「お手盛り評価」に堕落する危惧があったと指摘している［山谷 2006：35］．この指摘は，政策評価だけでなく行政内部における責任の判定に広く該当する現象であろう．
5) John P. Burke も同様の指摘を行っている［Burke 1986：25］．また，Frederick C. Mosher はレスポンシビリティを主観的な責任（subjective responsibility）と呼び，

それが公務員および行政組織の忠誠心や良心と同義であると指摘する［Mosher 1982：10］．モシャーの指摘を踏まえれば，レスポンシビリティは公務員および行政組織の忠誠心や良心に対する社会における高い信頼を前提に成立する．
6) 同様に，加藤一明は行政による恣意的な活動の防止に対する基準の重要性を強調する［加藤 1966：198-202］．
7) 同様の観点から，Behn は公務員による裁量の濫用から生じる恣意的な活動に対する問題意識がアメリカの連邦政府におけるアカウンタビリティの制度を発展させてきたことを指摘している［Behn 2001：87-8］．
8) なお，こうした統制の観点から，アカウンタビリティを手続に基づくアカウンタビリティと成果に基づくアカウンタビリティに分類できる［山谷 1994；Patil, Vieider and Tetlock 2014］．第4章では先進各国における行政改革を考察する必要からこの分類を取り入れるが，ここではとりいれない．
9) 第一臨調の概要を整理するにあたって，以下の文献を主に参照した［久世 1964a；1964b；増島 2003］．
10) 第一臨調の答申の資料として『自治研究』第40巻臨時増刊第11号に掲載されている答申の全文を参照にした［臨時行政調査会 1964］．
11) ここで指摘した付帯決議および審議の方針以外にも，第一臨調による積極的な提言の妨げになった要因が行政学者によって分析されている．具体的には，佐藤竺は第一臨調の審議過程における官僚の抵抗を要因とし，官僚の抵抗が生じた理由と官僚の抵抗が審議過程に与えた影響を明らかにした［佐藤 1966］．さらに，赤木須留喜は第一臨調における審議過程の詳細な検討を通じて，第一臨調が戦前から続く官僚制による支配構造の改革に失敗したと主張した［赤木 1966］．
12) 第二臨調の概要を整理するために，参照した主要な文献は以下のとおりである［臨時行政調査会OB会編 1983；増島 2003］．
13) 第二臨調の答申の資料として第二臨調OB会が編集した『臨調と行革――2年間の記録』の巻末の資料を参考にしている［臨時行政調査会OB会編 1983］．
14) さらに，松下圭一は第二臨調が公表した第三次答申において中央政府の減量ではなく，強化が主眼となっているとまで指摘している［松下 1982：3-5］．
15) これらの制度のうち，行政手続法制度に関しては杉村敏正が，情報公開法制度に関しては堀部政男が，第二臨調における審議の過程を検討している［杉村 1983；堀部 1983］．
16) Thatcher 政権下では国家の守備範囲の限定，公共支出の削減および公共部門の効率性の向上が目標に掲げられ，その実現のために財政管理イニシアチブ（Financial Management Initiative）に基づく行政組織の改革，行政組織の民営化やエージェンシー化が推進された［君村 1990］．他方で，Reagan 政権では財政赤字の削減および経済

活性化のために，個人税と法人税の大幅な減税，補助金の整理を通じた予算の削減，規制緩和，民営化，州政府への権限の委譲が実施された［新川 1986：6-10；小池 1998：42-5］.

17) 行革会議の概要を整理するにあたって，主に参照した文献は以下のとおりである［行政改革会議事務局OB会編 1998；増島 2003；田中編 2006；神崎 2010］.

18) 武藤嘉文が初代の会長代理として1996年11月21日から1997年9月11日まで務めた．その後，佐藤孝行が9月11日から9月22日まで，小里貞利が9月22日から1998年6月30日まで会長代理となった．

19) 1990年代における公務員の不祥事は，原田三朗が詳しく検討している［原田 1999：25-32］. また，山谷は1948年から1994年までの中央政府および地方政府における汚職事件に関する一覧表を作成している［山谷 1995：107-12］.

20) 行革会議の最終答申の資料として，行政改革会議事務局OB会が編集した『21世紀の日本の行政――内閣機能の強化・中央省庁の再編・行政の減量・効率化――』の巻末の資料を参考にしている［行政改革会議事務局OB会編 1998］.

21) 実際に，行革会議において独立行政法人の創設に関わった柳沢伯夫に新川達郎が実施したインタビューのなかで，柳沢は企画立案と実施の分離の目的が中央省庁の企画立案機能の向上にあったと話している［新川 2000：192-93］.

第4章　先進各国における行政改革の事例研究

はじめに

　第4章では，レスポンシビリティおよびアカウンタビリティを用いて先進各国における総合的な行政改革がどのように把握できるのかを明らかにする．具体的には，2つの責任概念を用いて先進各国における行政改革が行政の責任をどのように考えているのか，先進各国における行政改革にはどのような問題が存在しているのかを明確にする．ここでの研究の基本的な枠組みは，第3章と同様である．すなわち，総合的な行政改革が事例であり，2つの責任概念を用いる点に前章との連続性がある．

　事例に含まれる先進各国の範囲は，Christopher Pollitt and Geert Bouckaertによる先行研究と同一である．彼らは先進各国の間で行政改革のアイデアはある程度共有されていたにもかかわらず，その受容過程には国ごとに違いがあることを明確にした［Pollitt and Bouckaert 2011］．彼らが研究の対象にした先進各国は，オーストラリア，ベルギー，カナダ，フィンランド，フランス，ドイツ，イタリア，オランダ，ニュージーランド，スウェーデン，イギリス，アメリカの12か国であった［Ibid.：vii］[1]．本章でも，先進各国の行政改革を事例として扱うため，Pollitt and Bouckaertが示した先進各国の範囲を参照にする．

　これらの先進各国が進めてきた包括的な行政改革のなかでも，とくに中央省庁における行政組織の制度および運営に関する改革を対象にする[2]．上述の先進

各国は1980年代以降に，成果を出す行政を実現するために民営化，外部委託，分権化，業績測定および透明化の導入に取り組んできた．行政改革の経緯，内容あるいは成果に関しては先進各国ごとに違いがあるが，いくつかの行政学の先行研究において先進各国の行政改革に共通する要素を抽出する作業が実施されている [Peters 2009；Pollitt and Bouckaert 2011；Hughes 2012]．こうした先行研究の成果に基づいて先進各国に共通する行政改革の全体像を整理する．
　ここで用いる概念は，レスポンシビリティおよびアカウンタビリティである．第３章において，これらの概念を行政改革の考察のための分析の枠組みに洗練した．ここでも，基本的には前章と同じ分析の枠組みを用いる．しかし，先進各国における行政改革をより適切に把握するために若干の修正を加える．具体的には，第４章ではアカウンタビリティを手続に基づくアカウンタビリティと成果に基づくアカウンタビリティに分類する．
　目標は，行政責任論の観点からの先進各国における行政改革の考察にある．この目標は２つに大別できる．
　第１の目標は，行政責任論の概念の応用を通じた先進各国の行政改革における責任の考え方の把握にある．行政学では，先進各国の行政改革には Letting Managers Manage および Making Managers Manage の２つのスローガンが存在すると指摘されてきた．本章では，レスポンシビリティおよびアカウンタビリティの概念に基づいて構築した分析の枠組みから，それぞれのスローガンが行政の責任をどのように考えているのかを先行研究よりも総合的に把握することを試みる．
　第２の目標は，先進各国の行政改革における問題点を指摘することにある．先行研究では，先進各国の行政改革における行政責任の問題が断片的に，あるいは別個に考察されてきた．ここでは先行研究の成果を参照にしつつ，より包括的な観点から問題を指摘したい．具体的には，レスポンシビリティとアカウンタビリティの問題，レスポンシビリティの内部にある問題，およびアカウンタビリティの内部にある問題を仮説として提示したい．

第 4 章　先進各国における行政改革の事例研究　65

　本章の構成は，以下のとおりである．第1節では先行研究の課題を整理し，研究の方針を明らかにしたい．第2節では2つの責任概念を修正し，行政改革の分析に適した枠組みを構築する．第3節では，事例である先進各国における1980年代以降の行政改革の全体像を整理する．第4節では，上述の目標を達成するための事例の考察を実施する．

1．先行研究における課題と事例研究の方針

　本節では1980年代以降の先進各国における行政改革を対象にした行政責任論の先行研究の到達点および課題を整理したうえで，本章の方針を明確にする．ただし，以下で指摘する課題は先行研究における欠点というよりも，この研究と先行研究との間にある関心の相違を表していることに留意されたい．
　第1の目標は，1980年代以降に先進各国が実施した行政改革において行政の責任がどのように考えられていたのかを把握することである．本章では，レスポンシビリティおよびアカウンタビリティを応用することで，先進各国の行政改革における行政の責任に対する考え方を包括的に明らかにしたい．この目標に近い関心のもとで実施された先行研究がいくつか存在する［毎熊 1998；2002；2003；DeLeon 1998；Romzek 2000；Behn 2001；Mulgan 2003；Lægreid 2014］．これらの先行研究における課題を明確にするために，一連の研究を通じてNPM型の行政責任を厳密に特定してきた毎熊浩一の研究をとりあげ，批判的に検討する．
　毎熊は，一連の研究においてNPM型の特殊なレスポンシビリティとアカウンタビリティの概念を特定した［毎熊 1998；2002；2003］．具体的には，NPMにおける特殊な責任の概念として2002年の研究において市場式アカウンタビリティが明確にされた．市場式アカウンタビリティとは，市場あるいは競争圧力による統制を意味する．さらに，2003年の研究において管理式アカウンタビリティの概念が特定された．管理式アカウンタビリティとは，監査，監察，業績評価などの管理型監視技術に基づく統制を意味する．これらの責任概念は理論的

な検討だけではなく，イギリス保守党政権における行政改革の観察といった手続きを通じて特定されている．

　毎熊の研究におけるこの成果は，本章の目的から見ると限定的である．毎熊の研究ではNPM型の責任概念の抽出とその明確化が進められた．毎熊は綿密な検討を通じてこの成果を産出したが，それはあくまでもNPMという特殊な文脈においてのみ該当する責任概念の確立に限られる．そこにおいて，これまで蓄積されてきた理論研究の成果を通じて明確にされてきた一般的な形式の責任概念の応用可能性は検証されていない．すなわち，毎熊の研究において，第2章で提示した行政責任論における事例研究の目標は達成されていない．

　本章では第2章で提示した目標を実現するための研究を実施する．確かに，この研究でも第3章と同様に，一般的な形式の責任概念に修正を加えた分析の枠組みを用いる．しかし，修正はあくまでも行政改革の考察に不要となる要素の削除，必要となる要素の追加に限られている．さらに，修正によって先進各国における行政改革の特殊な文脈に概念を限定化しないように留意している．これらの方針に基づいて，本章では行政責任論の事例研究を実施する．

　第2の目標は，行政責任論の観点から先進各国における行政改革の問題点を指摘することである．先進各国では1980年代以降，自らが抱える行政の問題を解決するために，さまざまな手段の導入を通じて行政改革を進めてきた．現実の行政において，ある問題の解決策が新たな問題の原因となることがある．こうした観点から，行政改革の推進は新たな問題の原因となるおそれがある．この問題を行政責任論の観点から考察することが第2の目標である．同様の目標を掲げて実施された先行研究がいくつか存在する．

　先行研究として，毎熊の研究および諸外国の行政責任論があげられる．毎熊の研究では，市場式アカウンタビリティとNPM型のレスポンシビリティが，管理式アカウンタビリティとNPM型のレスポンシビリティがジレンマの関係にあるか否かが検証されている．また，諸外国の先行研究ではアカウンタビリティにおける問題が指摘されてきた [DeLeon 1998；Romzek 2000；Behn 2001；

Lægreid 2014]．たとえば，第4節において指摘するように，先進各国における成果に基づくアカウンタビリティの導入のための改革が既存のアカウンタビリティのメカニズムに悪影響を及ぼす可能性が検討されている．

　しかし，これらの先行研究では多角的な観点から問題が指摘されていない．まず，毎熊の研究では特殊なアカウンタビリティとレスポンシビリティの間のジレンマのみが対象となっている．つぎに，諸外国の先行研究ではアカウンタビリティのジレンマのみが検討されている．そして，管見の限り，レスポンシビリティの観点から1980年代以降の先進各国における行政改革の問題を論じた研究は存在しない．このように，先行研究は特定の責任概念のみに基づいて問題を検討してきた．

　そこで，この研究では行政責任論の観点から先進各国における行政改革の問題を包括的に整理する．具体的には，3つの観点から問題を指摘する．第1に，レスポンシビリティとアカウンタビリティのジレンマを明確にする．第2に，範囲としてのレスポンシビリティと能力としてのレスポンシビリティの間に生じる問題を指摘する．第3に，手続に基づくアカウンタビリティと成果に基づくアカウンタビリティにおける矛盾を指摘する．

2．分析の枠組みの構築

　前節までに明確にしたように，この章では1980年代以降における先進各国の行政改革を対象とした事例研究を実施する．これらの作業を遂行するために，レスポンシビリティおよびアカウンタビリティを用いる．第3章では日本の行政改革を研究するために，2つの概念を分析の枠組みに再構築した．本章においても基本的には同様の枠組みを用いる．しかし，先進各国の行政改革を考察する必要から，分析の枠組みに若干の修正を加える．以下では，前章で用いた分析枠組みを説明した際の具体例を先進各国における行政改革の例に変更したうえで簡潔に振り返り，アカウンタビリティを手続に基づくアカウンタビリテ

ィと成果に基づくアカウンタビリティに分類する．

（1）レスポンシビリティ

レスポンシビリティとは行政が国民あるいは議会の期待を自らで判断し，その期待を実現する責任である．責任を確保する過程において，行政の活動の自律性が強調されるため，自律的責任とも呼ばれる．第3章では，レスポンシビリティにおける諸特徴のなかでも能動的，非制度的および内部的責任という3つに着目した．能動的な責任とは責任の内容および水準が行政組織の主導性によって決定される性質を表す．非制度的な責任とは責任の内容と水準が法令あるいは予算といった制度的な枠組みによって明確に規定されていない状態を指す．内部的な責任とは行政の内部で責任が果たされたか否かが判定されることを意味する．

さらに，レスポンシビリティには能力としてのレスポンシビリティおよび範囲としてのレスポンシビリティの意味があることを明確にした．

能力としてのレスポンシビリティとは，行政組織が社会的な問題に対する有効な政策を立案し実施することで果たされる責任である．専門性の強化および手続きの緩和によって行政組織は能力としてのレスポンシビリティをより適切に果たせるようになる．

まず，専門性の強化を通じて能力としてのレスポンシビリティは向上する．当然ながら，行政組織が所管領域において発生する問題に関する知識を深めるほど，その解決策の立案および実施の有効性が向上する．行政組織における専門性の向上のためには，優秀な人材を採用および配置し，組織内での権限を適切に分配する必要がある．後述のように，1980年代以降における先進各国の行政改革では，公務員制度改革および行政組織の分権化（decentralization）といった手段が活用されてきた．

つぎに，行政活動に関する手続きの緩和を通じて能力としてのレスポンシビリティは向上する．行政活動を拘束する手続きが緩和されるほど，行政組織の

自律的な判断の余地が拡充する．そして，解決策の立案および実施に行政組織が有する専門性が柔軟に反映されるようになり，社会的な問題を有効に解決する可能性が高まる．実際に，行政による創造的な問題解決を目標にした手続きの緩和は1980年代以降の先進国における行政改革の目標の１つであった［Peters 2009：312-13］．具体的には，アメリカのClinton政権における規制撤廃の改革がある．

また，能力としてのレスポンシビリティはさまざまな資源に制約されることに留意しなければならない．行政組織においては，所管する政策を立案し実施するために必要な資源がそのレスポンシビリティの発揮を制約する．具体的な資源として，権限，人員，資金および時間が含まれる．有効な活動を選択し，実効するために，十分な資源が存在するか否かが，行政組織が能力としてのレスポンシビリティを果たせるか否かを左右する[3]．

範囲としてのレスポンシビリティとは，行政が社会的な問題の解決に責任を負う領域を表す．日本では，この責任概念は各省庁設置法における行政組織の所掌事務の規定，あるいは行政の守備範囲論で議論されてきた．政策の拡大あるいは縮小を通じて範囲としてのレスポンシビリティは変動する．行政組織は自らの所掌の範囲内で政策を展開する．政策とは社会的な問題に対する解決の方針とその手段であると定義される［秋吉・伊藤・北山 2015：4］．行政組織は新しい政策の策定あるいは既存の政策の拡大を通じて現実に現れた社会的な問題への介入を深めていく．ここから，新規政策の実施は範囲としてのレスポンシビリティを拡充し，既存の政策の廃止はその縮小につながる．また，政策を担う行政組織の縮小および削減も範囲としてのレスポンシビリティの縮小につながるであろう．

（２）アカウンタビリティ

アカウンタビリティとは国民あるいは議会が自らの期待を行政に伝え，行政にその期待を実現させることで果たされる責任である．責任を確保する過程に

おいて，国民あるいは議会といった行政外部の主体による主導性が強調されるため，他律的統制とも呼ばれる．第3章においてアカウンタビリティの3つの特徴をとりあげた．すなわち，受動的，制度的および外部的という特徴である．受動的な責任とは責任の内容と水準が国民あるいは議会によって決められ，行政は受動的な立場に置かれる性質を意味する．制度的な責任とは責任の内容と水準が法律あるいは予算といった制度によって明確に決められている状態を指す．外部的な責任とは，責任が国民あるいは議会といった行政外部の主体によって判断されることを表す．

　本章では先進各国における行政改革を研究するために，アカウンタビリティを2つの意味に分類する．すなわち，手続に基づくアカウンタビリティおよび成果に基づくアカウンタビリティを用いる．山谷が説明するように，これらの類型には行政の活動を事前に定めた手続きを通じて統制するか，事後に産出した成果の評価を通じて統制するかの違いがある［山谷 1994］．後述するように，1980年代以降の先進各国における行政改革によって手続に基づくアカウンタビリティから成果に基づくアカウンタビリティへの移行があった．

　まず，手続に基づくアカウンタビリティは国民あるいは議会が事前に定めた基準を行政が遵守することで確保される．国民あるいは議会は自らの要望を法令あるいは予算といった公式の基準にまとめて，行政に提示する．この基準に一致した活動が行政に求められる．したがって，手続に基づくアカウンタビリティでは事前の基準と行政活動の適合性を表す価値によって行政が責任を果たしたか否かが判断される．具体的には，合法性，合規性および正確性といった価値がある．行政組織がこれらの価値を実現しなければ，行政外部の主体によって制裁が与えられる［山谷 1991：162；Behn 2001：3］．行政外部の主体が行政を有効に統制するには，基準の明確さおよび詳細さを高めることで行政の意思決定における裁量を狭め，行政組織の活動の過程を絶えずに監視する必要がある．

　つぎに，成果に基づくアカウンタビリティは国民あるいは議会が定めた成果

を行政が達成することで確保される．このアカウンタビリティでは，国民あるいは議会が行政サービスに対する要望を達成すべき成果として提示する．行政組織には広範な裁量が与えられ，裁量を活用し成果を実現することが求められる［Behn 2001：9-10］．したがって，成果に基づくアカウンタビリティでは，行政組織の活動の結果を示す価値によって行政の責任が判断される．こうした価値には経済性，効率性あるいは有効性が含まれる．成果は事後的に評価され，達成状況によって報酬あるいは制裁が与えられる．成果を確保するには，行政外部の主体は事後的な評価に力点を置き，行政の活動に可能な限りの裁量を与える必要がある．

　これらの2つの意味におけるアカウンタビリティは制度の新設あるいは既存の制度の改善を通じて拡充する．アカウンタビリティが機能するには，国民あるいは議会が活動の方向性を行政に提示し，行政がその方向性に従っているか否かを監視し，場合によっては制裁に裏付けられた統制を加える必要がある．こうした過程の実効性は，拘束力のある制度の存在によって担保される［山谷2002：267］．したがって，アカウンタビリティは制度の新設あるいは改善を通じて拡充する．たとえば，日本においては手続を通じたアカウンタビリティが行政手続法の制定によって，成果を通じたアカウンタビリティが政策評価法の制定によって拡充されてきた．

　以上，レスポンシビリティおよびアカウンタビリティを用いて，分析の枠組みを構築した．具体的にはそれぞれの責任概念の意味を簡潔に振り返り，アカウンタビリティの2つの分類を明確にした．

3．先進各国における行政改革

　分析の枠組みの構築に続いて，1980年代以降の先進各国における行政改革のイメージを明確にする．まず，その背景を概観する．つぎに，共通する要素の特定を通じて，その全体像を整理する．最後に，1980年代以降の先進各国にお

ける行政改革を導いてきた2つのスローガンを提示する．

（1）先進各国における行政改革の背景

　この研究が対象とする先進各国の行政改革は，1980年代から現在まで続いている．なぜ，1980年代から行政改革が始まったのであろうか．この問いに対して，財政危機が有力な答えとなっている［Pollitt and Bouckaert 2011：6-7；Hughes 2012：6］．1980年代には石油ショックがあり，多くの先進国において財政赤字が深刻化した．また，財政赤字が推進力となって，先進各国は歳出削減型の行政改革に取り組むことになった．この行政改革は，経済の停滞が長期的であったために現在まで続いている．

　こうした行政改革を早期に実施した国として，アメリカおよびイギリスがある．第3章で概観したように，これらの政府では，歳出削減を中心的なテーマとしながらも，行政の抱えるさまざまな課題に対する解決策が実施された．具体的には，アメリカではReagan大統領のもとで，個人税と法人税の減税，補助金の削減，規制緩和および分権化が進められた［新川 1986：6-10；小池 1998：42-5］．イギリスではThatcher首相のもとで，民営化およびエージェンシー化を通じた行政組織の活動範囲の縮小および行政の現代化を目的とした改革が実施された［君村 1990］．

　これらの国における行政改革は，国際機関によって先進各国に広く普及されていった．具体的には，OECD（Organization for Economic Co-operation and Development）およびWB（World Bank）が上記の国における行政改革のアイデアと手法の普及に取り組んでいる［Eklund and Wimelius 2008：8-12；Pollitt and Bouckaert 2011：66］．なかでも，先進各国への普及はOECDが担ってきた．実際に，OECDは先進各国における行政改革をレビューし，優れた取り組みを紹介してきた［OECD：1995；2005；2017］．これらの国際機関の取り組みによって，行政改革に関する共通のイメージが先進各国に浸透していった．

　こうした普及の過程を経てもなお，先進各国の間には行政改革のアイデアお

よび手法の導入過程に関する違いが存在する．たとえば，Pollitt and Bouckaert は先進各国を NPM 型，NWS（Neo-Weberian State）型および NPG（New Public Governance）型に分類し，それぞれのモデルにおける行政改革の受容過程の違いを検討している［Pollitt and Bouckaert 2011］．NPM 型の国は行政組織と民間企業との類似性を想定し，企業手法の急進的な導入によって行政の効率性および顧客への応答性の向上を試みる．たとえば，イギリス，アメリカ，オーストラリアおよびニュージーランドが含まれる．NWS 型の国でも効率性および応答性の向上が改革の目的であるが，民間企業と比較した行政組織の独自性を想定するため企業手法の直接的な導入には慎重となる．フランス，ドイツ，イタリア，ベルギーが NWS 型の国に位置づけられている．最後に，NPG 型では官僚制とそれを取り巻く利害関係者から構成されるネットワークを用いた政策の形成および実施が提唱される．ただし，この NPG に該当する国は彼らが研究を実施した段階では存在していないと指摘されている．Pollitt and Bouckaert が確認しているように，これらの3つのモデルよりも詳細な類型を構築することは十分に可能である［*Ibid.*：19］．すなわち，先進各国における行政改革の受容過程はきわめて多様である．

　他方で，複数の先行研究が先進各国の行政改革に共通する要素を特定してきた．これらの研究においても先進国ごとの行政改革の過程および成果の違いは認識されているが，その認識を超えて，共通する要素の抽出が試みられてきた［Peters 2009；Pollitt and Bouckaert 2011；Hughes 2012］．次節では，代表的な研究成果を参照に，先進各国に共通する行政改革の全体像を整理する．具体的には，先進各国における行政改革の違いを類型化するだけではなく，そこに共通の要素の特定を試みた Pollitt and Bouckaert の研究を中心に行政改革の全体像を把握する．

（2）先進各国における行政改革の全体像
　先進各国の行政改革における具体的な改革手法およびその導入による変化を

整理する際には，Pollitt and Bouckaert の研究が参考になる [Pollitt and Bouckaert 2011]．本章の冒頭で示したように，彼らは12か国の先進国の中央省庁における行政組織の制度および運営に関する改革を検討した．彼らはこれらの国ぐにを NPM 型，NWS 型および NPG 型に分類し，その違いを整理している．しかし，同時に，彼らの研究には先進各国における行政改革に共通するアイデアおよび手法に関する記述も存在する．以下では，こうした記述に基づいて先進各国の行政改革に共通の要素を整理する．

Pollitt and Bouckaert は先進各国における1980年代以降の行政改革の過程を追跡している．具体的には，予算制度，公務員制度，行政組織制度，業績測定および情報公開制度が対象になっている．これらの対象ごとに，1980年代以前の先進各国の制度はどうであったか，どのような出来事が改革を引き起こしたのか，改革によってどのような変化が生じたのかが整理されている．

予算制度改革では予算制度に新しい目的および手法が導入された．先進各国における従来の予算制度の目的は，適正な手続きを通じた政府の資金配分の正当化にあった [Pollitt and Bouckaert 2011：78]．1980年代にはこの目的は政策の有効性，効率性および経済性といった成果を保障しないと批判されるようになる [Hughes 2012：257]．そこで，これらの価値を保障するために先進各国では予算制度の目的として成果の実現への貢献を強調し始めた．この目的を実現するために，予算，会計および監査において改革が進められてきた [Ibid.：77-87；Xu and Chan 2016]．予算編成ではフレーム予算，ブロック予算といった方式の導入があった．会計では発生主義に基づく複式簿記の普及があった．監査に対しては手続きではなく成果を監査する業績監査の実施が導入された．これらの改革の推進に伴って予算編成過程における組織内分権が推進されたことも指摘されている [Hughes 2012：261-62]．

公務員制度改革のなかで，柔軟性と応答性の向上が試みられてきた．1980年代以前の先進各国における公務員制度は，公務員の地位の保障を通じた安定的な行政運営の確保を目的としていた [Pollitt and Bouckaert 2011：90-1]．公務員

の強固な身分保障は，政策目標を達成するために専門性を有した人物を公務員に柔軟に採用することを妨げると批判された．こうした認識が普及するにつれて，先進各国の公務員制度の目的は公務員の地位の保護から，有能な人材の採用および選抜へと力点が移行していった．さらに，この目的の変更が新しい手法の採用につながった．すなわち，先進国の多くが一部の公務員を対象とした終身雇用の廃止と業績契約の拡大，業績に基づく昇進の部分的導入，および給与・労働条件・勤務時間の決定権限の組織内分権を導入した [Ibid.：91-4]．これらの改革は公務員制度における柔軟性および公選職に対する応答性の向上をもたらした．

行政組織制度改革には大別すると4つの側面があった [Ibid.：95-106]．

第1に，エージェンシー化がある．エージェンシー (agency) とは，行政組織における執行を担う部門が元の行政組織から分離する形で設立された組織である．一般的に，エージェンシーには元の行政組織から達成すべき目標が提示される．他方で，目標達成のために，予算，人事および事業の進め方については広範な裁量が付与される．すなわち，エージェンシーは，成果を通じた統制を受ける．先進各国は行政の効率化および自律性の向上のために，1980年代以降，行政組織のエージェンシー化を進めてきた．

第2に，組織間の調整を向上させる改革があった．この改革は，上述のエージェンシー化による組織の分離の弊害に対処するために実施された．たとえば，イギリスではその弊害に対処するためにBlair政権の下でjoined-up governmentといったスローガンに基づく改革が提唱された [Pollitt 2003]．さらに，ニュージーランドではwhole of governmentといった調整の強化を重視するスローガンが提唱された [Gregory 2003：42-3]．また，Pollitt and Bouckaertはこの改革によって，組織間における調整の方法に変化が生じたと指摘する．すなわち，規則の遵守を通じた調整から合意された成果に基づく調整への移行が生じたことが説明されている [Pollitt and Bouckaert 2011：101]．

第3に，多様な形式の分権化があった．この分権化には3つの種類がある．

まず，1つの行政組織の内部での分権がある．つぎに，行政組織の間での分権がある．ここには，中央省庁，エージェンシーあるいは地方自治体といった行政組織間での分権が含まれる．最後に，行政組織と行政以外の組織の間での分権がある．たとえば，NPO（Non-Profit Organization）あるいは民間企業がこうした分権の受け皿である．先進各国の間でどの種類の分権を選択するかで違いはあるが，先進各国は何らかの形で分権を進めてきた．

第4に，公務員および行政組織の数の削減が先進各国において進められてきた．上述のとおり，先進各国は財政危機に対応するために行政改革を進めてきた．公務員の削減は，歳出の削減を通じた財政状況の改善のための直接的な手段として進められてきたのである［Loeffler and Staite 2016：118］．また，同様の目的から，行政組織に関してもその削減が進められてきた［Pollitt and Bouckaert 2011：104］．

さらに，先進各国において業績測定および情報公開に関する制度の改革があった．業績測定に関しては，先進各国が多くの政府活動に業績目標を設定し，それに基づく政策の進捗状況の管理を行うプロセスを制度化してきた［Pollitt and Bouckaert 2011：106-10］．代表的な例として，アメリカにおいて1993年に制定されたGPRA（Government Performance and Results Act）がある［Radin 1998：308-10］．また，情報公開に関しても，1980年代以降，先進各国において情報公開に関する法制度の整備が進められてきたことが指摘されている［Pollitt and Bouckaert 2011：110］．

以上，Pollitt and Bouckaertの研究に基づいて1980年代以降における先進各国の行政改革を整理した．この整理から，改革における2つの流れを確認できる．すなわち，行政組織における自律性を拡大する改革およびその自律性の縮小を試みる改革の流れが存在する．

第1の行政改革の流れとして，行政組織における自律性の拡大がある．Owen E. Hughesは，1980年代以降の先進各国における行政改革の目標は成果を出す行政の実現にあったと指摘する［Hughes 2012：91］．行政が成果を出すに

は，それが有する専門性の柔軟な発揮が重要になる．こうした条件を満たすために，行政組織の自律性を拡大する改革が進められてきた．たとえば，本項で指摘した予算制度におけるフレーム予算およびブロック予算，公務員制度における雇用条件の決定に関する組織内分権，行政組織の改革におけるエージェンシー化あるいは業績目標の導入は，行政組織の自律性の拡充に資する改革として導入されてきた．

他方で，行政組織の自律性の拡大に対するおそれから進められてきた改革の流れが存在する．この流れは，新しい統制メカニズムの導入および行政が社会に介入する領域の縮減に大別できる．

まず，新しい統制のメカニズムが整備されてきた．はじめに，透明性向上のための改革があった．この改革を通じて，行政外部の主体が行政統制に必要な情報を獲得することを支援する制度が整備された．また，分権の結果，裁量が拡充した行政組織を監視するための政府内の規制組織の増加も観察されている[Hood, James, and Jones, et al. 1998]．さらに，業績測定は行政組織の自律性の拡大につながると同時に，成果に基づいて行政の活動に統制を加える手段となる．このように，行政の自律性の拡大に応じて，成果に基づく監視のメカニズムが整備されてきた．

つぎに，行政が社会に介入する範囲を縮減する改革も取り組まれてきた．具体的には，民営化および規制緩和がある．民営化によって，公共サービスが行政組織ではなく民間企業あるいはNPOによって供給される．ここにおいて，行政組織は公共サービスの供給に関して供給の主体に対する指導といった間接的な関与のみが可能となる．また，行政組織は政策対象者にさまざまな規制を課す．この規制は社会に存在するアクターの行動を拘束する手段である．したがって，規制緩和は行政組織が社会に介入する領域の縮減につながる．

以上，Pollitt and Bouckaertの研究を中心に1980年代以降の先進各国における行政改革の全体像を概観し，2つの方向性を抽出した．この2つの方向性は行政学者によって1990年代以降に認識され始め，Letting Managers Manage および Making Managers Manage といったスローガンとしてまとめられることになる.

(3) 先進各国における行政改革の2つのスローガン

Letting Managers Manage および Making Managers Manage は，1980年代以降の先進各国における行政改革の方向性を表すスローガンとして行政学者によって言及されてきた [毎熊 2002：103-4；Kettl 1997；Aberbach and Rockman 2000]. これらのスローガンは行政改革のなかでも，とくに中央省庁に関する改革の方針を対象としている. したがって，本章における研究の対象と同一である. 以下では表4-1に基づいてこれらのスローガンを説明する.

Letting Managers Manage とは，行政組織の自律性の拡大を試みるスローガンである. このスローガンには専門性を有する行政組織に自律性を与えることで，社会における問題がより適切に解決されるという期待が存在する [Kettl 1997：447]. 一般的に，行政組織は自らが所管する社会的な問題に長期的かつ継続的に対応している. 具体的には，政策の形成と実施，利害関係者との意見交換，統計調査あるいは諸外国の調査を行う. これらの活動を通じて，行政組織は所管する問題に対する専門性を蓄積していく. Letting Managers Manage では，専門性のさらなる向上およびそれを発揮するための自律性の拡充が目的となる.

この目的を実現するための手段として，組織内分権，規制撤廃，エージェンシー化がある. 組織内分権とは，ある行政組織の内部で上位の組織が下位の組織に権限を委譲する改革を指す. 組織内分権を通じて，政策対象に近く，専門性を有する下位の組織の自律性が向上し，問題に対して柔軟に権限を行使できる [Mulgan 2003：153]. 規制撤廃では行政活動を拘束する手続き的な規制の緩和あるいは撤廃を通じて，行政組織が社会的な問題に対応する際の自律性および柔軟性の向上が目指される [Kettl 1997：447；Aberbach and Rockman 2000：139]. エージェンシー化では，専門分化されたエージェンシーに予算，人事，業務の

表4-1 2つのスローガン

	Letting Managers Manage	Making Managers Manage
考え方	「行政組織の専門性に任せよう」	「行政組織の恣意性を防止しよう」
改革の方針	行政組織における自律性の拡大	行政組織に対する統制の強化
改革手法	組織内分権 規制撤廃 エージェーンシー化	集権(執政強化) 業績測定・業績監査 民営化
学問的背景	マネジリアリズム	公共選択論

出典:Kettl [1997:451], Aberbach and Rockman [2000:139-40] を参考に筆者作成.

執行方法に関する自律性が与えられる.

つぎに,Making Managers Manage とは行政組織における統制の強化を図る改革のスローガンである.このスローガンでは,行政に対する性悪説的な見解が前提となっている.すなわち,行政組織は公共サービスの供給に関して独占的な地位を有しているため,その改善にインセンティブを持たないと指摘されている [Kettl 1997:448].さらに,このスローガンの理論的な基盤となる公共選択論の研究者によって,行政組織が自らの独占的な地位を乱用し,国民および議会の利益とは異なる自らの利益を追求するおそれが指摘されてきた [Aucoin 1997:116;Boston 2013:23-4].こうした行政性悪説的な観点から,行政組織に対する統制の強化あるいは行政組織が社会に介入する領域の縮小が強調される.

Making Managers Manage では統制の強化および行政関与の領域の縮小を達成するために,集権化,業績測定・業績監査の導入,民営化が推進される.まず,集権化とは行政組織の内部で上位の組織が活動の基準の提示および監視の強化を通じて下位の組織の活動に対する統制を強化することを意味する.集権化を通じて下位の組織が上位の組織の監視から離れて恣意的に活動する可能性が低くなる.つぎに,業績測定・業績監査によって行政組織の活動が望ましい成果を産出しているか否かの判断が継続的に可能となる.最後に,民営化および規制緩和を通じて,そもそもの問題の原因である行政組織の活動の範囲を

大幅に縮減できる［Kettl 1997：448］．

　以上のようにまとめられる2つのスローガンは矛盾する方向性を示している．一方で，Letting Managers Manage では行政への信頼に基づく自律性の拡大が志向される．他方で，Making Managers Manage は行政への不信から統制の強化を志向する．本項の冒頭で，1980年代以降の先進各国の行政改革は2つのスローガンに基づいて進められてきたと指摘した．先行研究によっても同様の指摘がなされている［Kettl 1997：448-49；Christensen and Laegreid 2013：3-4］．このように，1980年代以降の先進各国における行政改革は矛盾する方向性を内在する形で進められてきた．

　次節における考察では，この2つのスローガンに焦点をあてる．本節では1980年代以降の先進各国における行政改革の背景，全体像および2つのスローガンを整理した．これらのなかでも，とくに2つのスローガンを事例にする．この理由は，事例としての適切さに求められる．それぞれのスローガンには目標とそれを実現する具体的な改革手段が含められている．こうしたスローガンに第2節で整理した分析の枠組みを応用することで，1980年代以降の行政改革における理念と実践の両側面における問題点の提示が可能になる．

4．行政責任論の概念を用いた考察

　本節では，前節で整理した1980年代以降の先進各国における行政改革を行政責任論の観点から考察する．まず，分析の枠組みを用いて2つのスローガンに含まれる行政の責任に対する考え方を明確にする．つぎに，その成果に基づいて，先進各国の行政改革における問題を指摘する．すなわち，レスポンシビリティとアカウンタビリティの間の問題，レスポンシビリティの内部における問題，およびアカウンタビリティの内部における問題を提示したい．

（１） 2つのスローガンに対する行政責任論の観点からの考察

ここでは2つのスローガンに含まれる行政の責任に対する考え方を，レスポンシビリティおよびアカウンタビリティの観点から明確にする．先行研究において毎熊が Letting Managers Manage はレスポンシビリティ，Making Managers Manage はアカウンタビリティの強化を志向するスローガンであると指摘している［毎熊 2002：103］．しかし，この指摘には課題がある．すなわち，なぜ，Letting Managers Manage がレスポンシビリティに，Making Managers Manage がアカウンタビリティに一致するのかが十分に説明されていない[4]．先行研究の限界に対して，ここでは包括的な説明を試みる．具体的には，第2節において構築したレスポンシビリティの2つの意味およびアカウンタビリティの2つの意味を用いて，2つのスローガンにおける行政の責任に対する考え方を従来の先行研究よりも包括的に考察する．

まず，Letting Managers Manage におけるレスポンシビリティおよびアカウンタビリティに対する考え方を概観する．

Letting Managers Manage に基づく改革の推進は，能力としてのレスポンシビリティを向上させる．第2節において定義したように，能力としてのレスポンシビリティは行政組織における専門性および自律性の向上を通じて拡充する．また，前節において指摘したように，専門性および自律性の向上こそが Letting Managers Manage の目標であった．さらに，このスローガンには目標実現のために，組織内分権，規制撤廃およびエージェンシー化といった具体的な手段も含まれている．したがって，Letting Managers Manage に基づく行政改革の推進によって，能力としてのレスポンシビリティが向上される可能性が高い．

このスローガンは政策の立案と実施を担当する組織の分離を志向する点で，範囲としてのレスポンシビリティの縮小に含みをもつ．Letting Managers Manage では組織の分離を通じたそれぞれの組織の専門性の向上が試みられる．このなかでも実施を担当する組織として，エージェンシーが想定されている．

エージェンシーが公的な行政組織に含まれるか否かに関しては，国ごとに違いが見られる．公的な行政組織に含まれない場合には，行政の社会への関与が弱くなる．したがって，エージェンシー化の推進は範囲としてのレスポンシビリティの縮小につながるであろう．さらに，政策の性質によっては，民間企業あるいは NPO が実施を担当する組織にもなりうる．民営化された場合においても，範囲としてのレスポンシビリティが縮小する．この点において，Letting Managers Manage に基づく改革の推進によって範囲としてのレスポンシビリティは縮小される可能性がある．

他方で，Letting Managers Manage では手続に基づくアカウンタビリティの廃止が主張される．手続に基づくアカウンタビリティでは事前に詳細な基準が設定され，行政組織がそれを遵守しているか否かで責任が判断される．Letting Managers Manage の主張者は，詳細な手続きを通じて行政組織を拘束する方法を批判してきた．たとえば，手続きの遵守に対する過度な要求は，行政組織の専門性に基づく自発性あるいは創造性の発揮を阻害するという批判がある [Zegan 1997：105]．実際に，Letting Managers Manage のアイデアのもとで，行政組織の自律性を向上させるための事前手続きの撤廃が進められてきた [Peters 2009：312-13]．

反対に，Letting Managers Manage では成果に基づくアカウンタビリティが導入される傾向にある．この根拠として，成果に基づくアカウンタビリティでは行政組織の裁量が肯定され，その責任判定の結果が学習へと活用できる点があげられる．まず，第 2 節で指摘したように，成果に基づくアカウンタビリティは行政組織に裁量を付与する．裁量の付与は，Letting Managers Manage における自律性の向上と同一の方向性を有している．つぎに，Behn は業績測定によって期待された成果と実際の成果が異なることが明らかになれば，それが失敗原因の探求という学習の契機になると指摘している [Behn 2003：592；596-97]．この学習は，行政組織における専門性の向上につながる．これらの根拠から，Letting Managers Manage と成果に基づくカウンタビリティ

の親和性は高い．

　つぎに，Making Managers Manage におけるレスポンシビリティおよびアカウンタビリティに対する考え方を概観する．

　Making Managers Manage では，能力としてのレスポンシビリティに対する不信が存在する．行政組織が能力としてのレスポンシビリティを発揮するには，自律性の拡充が必要となる．前節において指摘したように，Making Managers Manage では行政組織の活動における自律性こそが問題視される．すなわち，公共選択論において主張されているように，行政組織による自律的な活動が国民あるいは議会ではなく自らの利益の追求に向けられるおそれが強調されている．ここにおいて，行政組織の自律性の向上は望ましい方針ではない．このような観点から，Making Managers Manage では能力としてのレスポンシビリティを向上する改革は積極的に進められないと考えられる．

　反対に，Making Managers Manage では範囲としてのレスポンシビリティの縮小が推進される．前節において確認したように，このスローガンでは行政組織の恣意的な活動に対処する方策として行政組織が社会に介入する領域自体を縮小させることが考えられてきた．実際に，行政組織の社会に対する介入を減らすために，既存の政策の縮小あるいは廃止，規制緩和，行政組織および公務員の定数削減，あるいは民営化が実行されてきた．したがって，Making Managers Manage に基づく行政改革の推進は範囲としてのレスポンシビリティの縮小につながる．

　Making Managers Manage では手続に基づくアカウンタビリティに対しても否定的な見解を有する．行政組織は公共サービスの供給に関して独占的な地位を有する．公共選択論では，競争の生じない独占的な地位によって行政組織は成果の実現に対するインセンティブをもたないという想定がある［玉村 1998：66］．上述のように，手続に基づくアカウンタビリティは行政活動の成果を判定の対象にしない．したがって，このアカウンタビリティでは行政組織の非効率性の問題は解決されない．このような理由から，Making Managers

Manage に基づく改革では手続に基づくアカウンタビリティの導入は積極的に進められないと考えられる．

　反対に，成果に基づくアカウンタビリティが適切な手段として考えられる．上述の手続に基づくアカウンタビリティの問題は，成果に基づくアカウンタビリティの導入で克服される．実際に，イギリスでは非能率な行政に民間企業のような成果に対する意識を植え付けるために業績測定が導入されてきた．Making Managers Manage が行政組織の非能率性を問題視する方針である以上，それに基づく改革によって成果に基づくアカウンタビリティの導入が進められる可能性は高い．

　以上，1980年代以降の先進各国における行政改革を主導してきた2つのスローガンを行政責任論の分析の枠組みによって整理した．2つのスローガンにはどの責任概念を肯定的に評価するのか，否定的に評価するのかに関して共通点と違いが存在する．すなわち，能力としてのレスポンシビリティに関しては，2つのスローガンの間で異なる評価がなされている．他方で，範囲としてのレスポンシビリティに関しては両方のスローガンに含まれる改革の結果，縮小される可能性があると指摘した．さらに，手続に基づくアカウンタビリティに対する否定的な見解および成果に基づくアカウンタビリティに対する肯定的な見解に関しても共通していると考えられる．次項では，こうした整理に基づいて先進各国における行政改革の問題を指摘する．

（2）行政責任論の観点からの問題の提示

　ここでは，前項の整理に基づいて1980年代以降における先進各国の行政改革における問題を指摘する．具体的には，レスポンシビリティとアカウンタビリティのジレンマ，レスポンシビリティにおける問題，アカウンタビリティにおける問題を提示する．これらの問題は，今後の具体的な事例研究のための仮説にもなる．

1) レスポンシビリティとアカウンタビリティのジレンマ

レスポンシビリティとアカウンタビリティのジレンマは，行政組織において一方の責任概念の拡充が他方の責任概念の縮減を引き起こす関係を示している．先行研究においても行政責任のジレンマが繰り返し言及されてきた［西尾 1995：268-69；毎熊 1998；2002；2003；Self 1977：277-89］．行政責任のジレンマには，レスポンシビリティの拡充によるアカウンタビリティの弱体化，およびアカウンタビリティの拡充によるレスポンシビリティの阻害といった2つのパターンがある．

一方で，レスポンシビリティの拡充はアカウンタビリティの弱体化をもたらすと指摘されてきた．行政組織の活動における自律性の拡充とは，行政組織が自らの所管する問題に対処する際の裁量の拡大を意味する．転じて，自律性の拡充は行政組織の意思決定に対して行政外部の主体が統制を及ぼすことのできる範囲の縮小と機会の減少を意味する．したがって，行き過ぎた統制の緩和が裁量の濫用を通じた恣意的な行政につながるおそれがあると批判されてきた［Finer 1941；Lowi 1979］．具体的には，行政組織あるいは公務員が自らの裁量を用いて国民および国会の利益ではなく自らの利益を追求するおそれが指摘されている．

他方で，アカウンタビリティの拡充が行政組織によるレスポンシビリティの発揮を妨げる可能性も指摘されてきた．行政外部の主体による統制が強化されるほど，行政組織の活動に対する監視あるいは統制の範囲が拡大し，統制する機会も増加する．くわえて，監視および統制が法令などの制度によって保障されているならば，行政組織はより慎重に答えなければならない．こうした答えを用意するためにかかるコストが増加するほど，行政組織が迅速かつ効果的な政策の形成と実施にかける時間が少なくなるおそれがある．

これらの行政責任のジレンマは，1980年代以降の先進各国における行政改革でも生じている可能性が高い．ここでは，これらのジレンマが1980年代以降の先進各国の行政改革において，どのような形態をともなって生じうるのかを整

理する．

　まず，レスポンシビリティの拡充によるアカウンタビリティの弱体化は，Letting Managers Manage に基づく改革の推進によって生じるおそれがある．前節で述べたように，このスローガンでは能力としてのレスポンシビリティの向上を目的として，行政組織の自律性の拡充が進められる．したがって，行政責任のジレンマの考え方に従うと，Letting Managers Manage に基づく改革を推進するほど，行政外部の主体による統制がますます困難になるおそれがある．より具体的には，組織内分権，エージェンシー化あるいは規制撤廃といった改革手段の実行が行政外部の主体が行政組織の意思決定に関与する機会を減少させ，アカウンタビリティの弱体化をもたらすおそれがある．

　アカウンタビリティの弱体化による恣意的な行政は，1980年代以降の先進各国の行政改革という文脈においても存在しうる．Tom Christensen and Per Laegreid は，行政改革を通じた行政組織の自律性の拡充が行政外部の主体による統制を弱体化させるおそれを説明する［Christensen and Laegreid 2002：286-88］．彼らは，1980年代以降の行政改革における行政組織の自律性を向上させる改革が行政組織と行政サービスの利用者との結びつきを強めたと指摘する．そして，両者の結びつきが強められるほど，議会や国民がその関係の外部から統制を行うことが困難になると主張する［*Ibid.*：286-88］．さらに，この関係において公共サービスの利用者である国民が顧客というより弱い立場に位置づけられ，成果の実現の強調のもとでサービスの公平性あるいは適正手続といった価値が軽視されるおそれがあると指摘される［*Ibid.*］．このように，アカウンタビリティの弱体化による恣意的な行政を仮説として提示できる．

　つぎに，アカウンタビリティの拡充によるレスポンシビリティの弱体化は，Making Managers Manage に基づく改革の過剰によって生じるおそれがある．このスローガンは，Letting Managers Manage とは反対の方向性に基づく改革を主張する．すなわち，行政組織による裁量の濫用を通じた恣意的な活動のおそれを強調する．こうした危険を避けるため，意思決定の集権化が試みられ

る．また，行政組織の裁量が拡大することへの不安によって，一度導入された業績測定が結局は手続に基づく統制の手段に変質してしまうといった現状もある．これらの手段は，行政に対する統制の範囲の拡大および機会の増加につながる．したがって，Making Managers Manage の過剰な推進によって専門性を有する行政組織が自律的に社会的な問題を解決する可能性が低下するおそれがある．

　先進各国の行政改革による結果として，レスポンシビリティの阻害が実際の行政組織において生じている．たとえば，業績測定の導入あるいは強化が行政組織に対する過剰な統制になりうる．Beryl A. Radin は，業績測定の導入が行政組織内部における成果指標あるいは進捗状況に関するデータ収集，書類の作成，報告といった手続きを増大させたと報告している［Radin 1998］．Pollitt and Bouckaert は，Radin が報告したアメリカの問題が業績測定を導入した多くの先進各国において存在すると指摘する［Pollitt and Bouckaert 2011：198］．山谷が指摘するように，アカウンタビリティを果たすための作業に時間をかけるほど，本業である政策の立案および実施の質の向上にかける時間が少なくなる状況が発生している［山谷 2006：10-1］．こうしたアカウンタビリティの拡充によるレスポンシビリティの阻害を課題としてあげられる．

　以上，1980年代以降の先進各国における行政改革によって生じるおそれのあるレスポンシビリティおよびアカウンタビリティのジレンマを指摘した．先に，Pollitt and Bouckaert による1980年代以降の行政改革の受容モデルに関する類型を紹介した．これらの分類ごとにジレンマの発現の状況が異なるであろう．一般的に，NPM 型の行政改革をとる国は行政に対する不信感が強い．したがって，行政改革において Making Managers Manage の要素が強くなる．そこから，NPM 型の行政改革を推進してきた国々では，レスポンシビリティの阻害が生じるおそれが高いと指摘できる．他方で，NWS 型の行政改革をとる国では行政への信頼が強いといわれている．ここから，NWS と Letting Managers Manage の親和性を確認できる．したがって，NWS 型の行政改革を進め

る国では能力としてのレスポンシビリティの向上を試みた結果として，アカウンタビリティの弱体化が発生するおそれが高い．

2） レスポンシビリティの縮減

つぎに，行政改革による問題として，レスポンシビリティの縮減を指摘する．第3節では，1980年代以降の先進各国における行政改革によって行政組織の資源が削減されていることを確認した．こうした削減型行政改革は，能力としてのレスポンシビリティおよび範囲としてのレスポンシビリティの観点から問題がある．これらの問題をレスポンシビリティの縮減として提示したい．

1980年代以降の先進各国における行政改革では行政組織が保有する資源の削減が進められてきた．具体的には，先進各国では行政組織における内部組織数および公務員数の削減，実施されている政策の縮小あるいは廃止，予算の削減が進められてきた．こうした行政改革は，削減型行政改革（cutback management）と呼ばれている［Pandey 2010；Cepiku and Savignon 2011；Raudla，Savi and Randma-Liiv 2015］．先進各国が1970年代に生じた石油ショックによる歳入の低下への対応のために行政改革を進めてきた点を考慮すると，削減型行政改革は問題に対する直接的な解決策であった．したがって，先進各国の多くは1980年代以降，削減型行政改革に積極的に取り組んできた．

行政学では，こうした削減型行政改革による弊害が研究されてきた．とくに，1980年代以降，Thatcher政権のもとで削減型行政改革が積極的に推進されてきたイギリスの行政学において，それがどのような弊害をもたらしうるのかが議論されてきた［Hood, Dunsire and Huby 1988；Dunsire and Hood 1989］．たとえば，Andrew Dunsire and Christopher Hoodは削減型行政改革の弊害として，組織スラッグの減少，研修・調査・設備投資にかける費用の抑制，公務員のモチベーションの低下を列挙している［Dunsire and Hood 1989：193-95］．これらの弊害は行政組織が活動において柔軟性，迅速性あるいは有効性といった価値を実現するために必要な資源の低下につながる．

こうした削減型行政改革の問題を，能力としてのレスポンシビリティおよび範囲としてのレスポンシビリティの観点からも指摘できる．

　まず，能力としてのレスポンシビリティから見ても，削減型行政改革には問題がある．上述のように，先進各国では Letting Managers Manage に基づく改革によって能力としてのレスポンシビリティを向上させる取り組みがあった．この改革の成果が削減型行政改革によって阻害される可能性がある．具体的には，行政組織における自律性および専門性を向上させる改革が実施されたとしても，削減型行政改革によって活動に必要な資源が削減されることで，行政組織が社会的な問題を解決するための十分な活動を行うことができないおそれがある．実際に，Martin Painter and Jon Pierre も行政の政策能力を調査した研究の結論において，1980年代以降の行政組織の活動資源の削減が行政による社会的な問題の解決を困難にさせたと指摘している［Painter and Pierre 2005：258］．さらに，Dunsire and Hood が指摘した組織スラッグの減少，研修・調査・設備投資にかける費用の減少などの削減型行政改革の問題は，能力のレスポンシビリティの低下に直結する．

　つぎに，範囲としてのレスポンシビリティから見ても，削減型行政改革には問題がある．範囲としてのレスポンシビリティには顕在的な次元と潜在的な次元が存在する．顕在的な次元とは，その行政組織が実際に政策を通じて社会に介入している範囲を示す．潜在的な次元とは，その行政組織が現時点では介入していないが，問題が生じた場合には介入する必要がある範囲を意味する．潜在的な次元において発生した新規の問題に行政が政策を通じて介入することで，潜在的な次元が顕在的な次元となる．Dunsire and Hood が指摘した組織スラッグの減少という弊害は潜在的な次元において発生した新規の問題に対応するための行政組織における余剰資源の減少を意味している．そのため，削減型行政改革には，社会において発生する問題に対する迅速かつ柔軟な対応という行政国家において重視されてきた行政責任の実現を困難にするおそれがある．

　このように，先進各国の行政改革にはレスポンシビリティの縮減といった問

題がある．具体的には，削減型行政改革は，行政組織の自律的な活動に基づく効果的な問題解決を志向するレスポンシビリティに悪影響を及ぼしうる．まず，行政組織が能力としてのレスポンシビリティを行使するために必要となる資源が不足する．つぎに，削減型行政改革によって潜在的な範囲において生じる新規の問題に行政組織が対応するために必要となる資源が不足する．このような観点から，1980年代における行政改革の推進によって，行政組織のレスポンシビリティが縮減されてきたのではないのかという仮説を提示できる．

　こうしたレスポンシビリティの縮減をよりマクロな観点から指摘する研究がある．R. A. W. Rhodes はイギリスにおける1980年代以降の諸改革によって国家の空洞化が進行していることを指摘した [Rhodes 1994]．国家の空洞化とは，民営化などを通じた公的介入の制限，エージェンシー化を通じた中央および地方政府における機能の喪失，EUへの集権を通じた政府の機能の喪失，およびNPM的な改革を通じた公務員の裁量の制限といった現象によって中央政府が浸食されていく過程を意味している [Ibid.]．こうした過程がガバメントからガバナンスへと呼ばれる変化を引き起こした．すなわち，行政が社会的な問題の解決に対する責任を単独で果たすことが困難となり，民間企業あるいはNPOといった多様なアクターと責任を分有する状況が現れることになった．国家の空洞化，ガバメントからガバナンスへの移行は，よりマクロな観点からレスポンシビリティの縮減を説明している．行政責任論には，こうした環境において行政組織のレスポンシビリティはどのように変質したのか，行政はどのような責任を果たすべきであるのかを規範的に考察する使命がある．

　3）アカウンタビリティの併存

　1980年代以降の先進各国における行政改革は，アカウンタビリティの併存という状況をもたらした．具体的には，先進各国では行政改革を通じて成果に基づくアカウンタビリティを確保するための制度が創設されるようになり，従来から存在する手続に基づくアカウンタビリティと併存するようになった．この

状況がどのような問題を生じさせうるのかを指摘したい．

　前項において見てきたように，先進各国における行政改革では成果に基づくアカウンタビリティの導入が推進されてきた．この理由は，手続に基づくアカウンタビリティの限界が主張されたことに求められる．前項において，2つのスローガンの双方は手続に基づくアカウンタビリティに否定的な見解を有することを確認した．この結果，先進各国において手続に基づくアカウンタビリティを縮小あるいは廃止し，成果に基づくアカウンタビリティを充実させる方向の改革が進められてきた．すなわち，先進各国の行政におけるアカウンタビリティの力点は行政改革を通じて「手続から成果へ」と移行したのである［山谷 1994］．

　しかし，成果に基づくアカウンタビリティは手続に基づくアカウンタビリティに全面的にとってかわったわけではない．確かに，先進各国では1980年代以降，規制撤廃の方針のもとで不要な手続的規制を縮小ないし撤廃してきた．著名な例としては，アメリカの Cutting Red Tape がある．こうした動きにもかかわらず，実際の先進各国の政府において手続に基づくアカウンタビリティが完全に消滅したわけではない点に留意する必要がある．

　この理由は，2つのアカウンタビリティがそれぞれ異なる意義を有する点に求められる．一方で，手続に基づくアカウンタビリティには行政活動の公平性あるいは公正性を確保する意義がある［Behn 2001：6-9］．他方で，成果に基づくアカウンタビリティには有効性，効率性および経済性を確保する意義がある．すなわち，2つのアカウンタビリティは互換が可能な関係にない．実際に，先進各国では手続に基づくアカウンタビリティを保障するための制度の縮小あるいは廃止を進めてきたが，そのなかでも公平性あるいは公正性が強く求められる行政活動における制度の多くは行政改革を経ても存続することになった．

　このように，先進各国における行政改革は手続に基づくアカウンタビリティの成果に基づくアカウンタビリティによる置き換えではなく，2つのアカウンタビリティの併存をもたらした．この現象は先行研究においても指摘されてい

る［March and Olsen 1995：174；Romzek 2000：30-1；37-9］.

　アカウンタビリティの併存は，いくつかの問題をもたらすおそれがある．上述のように，2つのアカウンタビリティは異なる目的，判断基準，裁量に対する考え方を有する．異なる焦点を持つアカウンタビリティが併存することで，公務員あるいは行政組織の活動の有効性あるいは効率性が低下するおそれがある．

　まず，アカウンタビリティの過剰の問題がより深刻になるおそれがある．一般的に，アカウンタビリティを確保する過程において行政組織は行政外部の主体に自らの行為の正当性を説明する必要がある．この説明には人員，時間などの費用が必要となる．上述のように，2つのアカウンタビリティは異なる目的および判断基準を有するため，説明に必要な知識あるいは資料等が異なる可能性が高い．したがって，2つのアカウンタビリティの関係を適切に調整しなければ，公務員および行政組織が自らの活動に伴うアカウンタビリティを確保するための費用が増加するおそれがある．この問題によって，上述のアカウンタビリティの過剰によるレスポンシビリティの阻害がより深刻になるおそれがある．

　つぎに，行政組織が自らの活動を正当化するために2つのアカウンタビリティの基準を恣意的に用いるおそれがある．具体的には，行政組織が期待された成果が現れていないという批判に対して，適正な手続きに基づいて活動している事実から自らを正当化する可能性がある．反対に，手続きの遵守を求める声に対して，成果が現れている事実に基づいて自らの活動を正当化するおそれがある．このような観点から，アカウンタビリティの併存は行政組織がアカウンタビリティを遵守する仕方に関する選択の裁量を生み出し，アカウンタビリティを形骸化させるおそれがある．

おわりに

　以上，本章では1980年代以降の先進各国における行政改革を対象とした事例研究を実施した．

　第1に，Letting Managers Manage および Making Managers Manage といった2つのスローガンに含まれる行政責任観を提示した．Letting Managers Manage は能力としてのレスポンシビリティに肯定的であり，範囲としてのレスポンシビリティの縮小につながりうるスローガンであることを指摘した．他方で，このスローガンでは手続に基づくアカウンタビリティの縮小が進められ，成果に基づくアカウンタビリティは学習との関係で導入が進められる可能性がある．Making Managers Manage には能力としてのレスポンシビリティに対する根強い不信があり，民営化等の手段を通じて範囲としてのレスポンシビリティを縮小する志向がある．他方で，行政を統制する方法として，手続に基づくアカウンタビリティではなく，成果に基づくアカウンタビリティの導入を進める可能性が高い．

　第2に，行政責任論の観点から先進各国における行政改革の問題点を提示した．まず，レスポンシビリティおよびアカウンタビリティのジレンマを従来の先行研究よりも包括的に示した．つぎに，レスポンシビリティの縮減といった問題を指摘した．この問題は，削減型行政改革による国家の空洞化，さらにはガバナンスの重要性に対する認識の普及といった行政学の流れを行政責任論の観点から整理したものである．最後に，アカウンタビリティの併存がもたらす問題を指摘した．この問題は，行政統制の理念における手続から成果への移行が現実において完全ではないため，実務でいくつかの問題が生じるおそれを表している．

　本章における意義として，行政責任論の観点から1980年代以降の先進各国における行政改革を総合的に検討した点をあげることができる．第1節において

指摘したように，先行研究には，包括的な観点からの考察が欠けていた．そこで，この章ではレスポンシビリティとアカウンタビリティの両方の責任概念を採用した．さらに，研究の対象である行政改革も特定の国の行政改革ではなく，先進各国に共通する行政改革のスローガンにすることで，広範な事例を選択した．その結果，従来の先行研究の成果を整理しつつ，より広い観点から行政改革における行政責任の問題を概観できたと考えている．

また，第3章に続いて，2つの責任概念の応用可能性を検証できたと考えている．本章で用いた分析の枠組みは，基本的には第3章と同一であった．2つのスローガンと2つの責任概念の対応関係を考察することで，行政責任論の概念にはスローガンに含まれる理念から行政改革の手法まで整理する能力があることを明確にできた．くわえて，先進各国の行政改革における問題を指摘することで，責任概念の問題発見能力も提示できたと考える．

さらに，本章で指摘した行政改革における3つの問題は今後の研究の仮説になる．これらの仮説を調査していくことで，行政責任論における事例研究のさらなる展開が期待できる．第2章において指摘したように，行政学において行政責任論の重要性に対する肯定的な評価を確立するためには，行政責任論における事例研究の成果の蓄積が必要となる．したがって，研究のなかで，発展的な課題を提示していくことが重要になる．この意味において，本章における仮説の提示には意味があったと考えている．

しかし，この研究には2つの課題が存在する．最後に，これらの課題を指摘し，解決の方針を提示したい．

第1に，複数の国に共通する行政改革を事例に選択したことから生じる課題がある．この研究では，1980年代以降の先進各国における行政改革を事例にした．すなわち，特定の国における行政改革ではなく，複数の国における行政改革を検討した．この方針によって，先進各国の行政改革における責任の考え方を概観的に把握する成果を産出できた．しかし，複数の国に共通するスローガンを事例にしたために，研究成果が抽象的になった．

この課題を解決するために，特定の国を対象としたより詳細な事例研究を実施していく必要がある．たとえば，第4節で提示した行政責任論の観点から指摘した諸問題が特定の先進国において実際に生じているか否かを確認する研究が考えられる．その際に，研究対象である国がNPM型，NWS型およびNPG型のどの類型に位置づけられるのかに留意する必要がある．以上のような研究を実施していくことで，第1の課題が克服されるであろう．

第2に，総合的な行政改革を対象にしたことから生じる課題がある．第3章に続いて，ここでは予算制度改革，公務員制度改革，行政組織制度改革といった複数の改革手段を総体的に検討した．それによって，包括的な視座から日本および先進各国の行政改革における行政責任の問題を考えることができた．他方で，日本あるいは先進各国における行政改革のなかでも，個別の制度における改革を十分に取り上げてこなかった．

この課題に対して，次章以降では行政組織の設置という特定の行政改革の手法を対象とした事例研究を実施していく．具体的には，第5章において行政組織の設置と行政責任論の関係を対象とした予備的考察を行う．第6章では，行政責任論の観点から日本の庁の設置をどのように把握できるのかを明確にするための事例研究を実施する．

注
1) なお，Pollitt and Bouckaertは，これらの12か国に加えてEUを研究の範囲に含めている．しかし，ここではEUにおける行政改革を考察の対象に含めない．
2) 1980年代以降における先進各国の行政改革にはNPM（New Public Management）という名称が存在するが，ここではその名称を用いない．この理由は，本章で先進各国の行政改革の整理において参照にするPollitt and Bouckaertの研究が採用した用語法に求められる．すなわち，後述するように，彼らの研究ではNPMとは1980年代以降の先進各国の行政改革における3つの類型のうちの1つであり，そのすべてを表す名称ではない．
3) Herbert J. Spiroも同様の考察を行っている［Spiro 1969］．彼は，公務員が自らの責任を遂行するためにはその公務員が適切な状態に置かれている必要があることを強

調した．具体的には，その公務員が裁量，知識，資源および目的を有している状態が望ましいと指摘している［Spiro 1969：89-94］．
4） しかし，この作業自体は毎熊の研究における本来の目的であったわけではないことを指摘しておく必要があろう．具体的には，毎熊は研究の導入部において簡潔に2つのスローガンと2つの責任概念の対応関係を整理しているに過ぎない［毎熊 2002：103-04］．

第 5 章 行政組織の設置と行政責任論の関係をめぐる予備的考察

はじめに

　本章では，行政組織の設置を対象とする事例研究に向けた予備的考察を行う．具体的には，行政組織の設置に関する先行研究の整理，行政責任論において行政組織の設置が有する意味の明確化，および今後の研究の方針の策定を試みる．これらの作業は，第 6 章で実施する庁の設置を対象とする事例研究に向けた準備になる．

　本書の第 3 章および第 4 章では，総合的な行政改革を対象とした事例研究を実施してきた．具体的には第 3 章では日本の行政改革，第 4 章では先進各国の行政改革における行政の責任に対する考え方を考察した．総合的な行政改革では予算制度，公務員制度あるいは行政組織制度といった複数の制度の改革が含められている．こうした行政改革を事例にすることで，日本および先進各国の行政改革において行政の責任がどのように考えられてきたのかを包括的に把握できた．

　しかし，第 3 章および第 4 章では個別的な制度の改革を十分に検討できなかった．第 2 章において指摘したように，行政学の研究のほとんどが個別具体的な領域における行政の制度，政策および管理の実態を把握することに関心を有している．本書の目的が行政学における行政責任論の意義の普及にあることを考慮すると，総合的な行政改革の研究の後に，個別的な領域における改革を取

り上げることが望ましいと考える．

そこで，本章と第6章では行政組織の設置を対象に，行政責任論における事例研究を実施する．行政学および行政法学では，行政組織の設置の実態を把握することを目的としたいくつかの先行研究が公表されている．事例研究を通じて，これらの先行研究とは異なる観点から行政組織の設置を考察できれば，行政責任論の意義をより明確にできる．この章では行政組織の設置に対する事例研究に向けた予備的考察を行い，第6章では日本における庁の設置を対象とした実践を試みる．

予備的考察として，この章では以下の3つの点を明確にすることを目標とする．

第1に，行政組織の設置に関する先行研究を整理する．上述のように，行政組織の設置に関する行政法学および行政学における先行研究がいくつか存在する．行政法学では行政組織の設置に関する法制度の解釈および規範に関する研究が存在する．他方で，行政学では現実の行政組織の設置の過程を追跡する研究がある．まず，これらの先行研究の到達点を明確にする．つぎに，行政組織の設置に関して先行研究では取り上げられていない領域が存在することを明確にする．最後に，行政責任論における事例研究によって，その論点に関する研究が可能であることを示す．

第2に，行政責任論において行政組織の設置がどのような意味を有しているのかを明確にする．本書では，行政組織の設置は行政責任の契機であると考える．行政責任とは，国民および議会の願望と現実の行政活動の間にある溝を埋める営為である．行政組織の設置は，国民および議会が期待する特定の価値の実現に行政が継続的かつ長期的に責任を負う意思表示であると理解できる．行政責任の契機としての行政組織の設置が有する意味を明確にし，行政責任論の観点から見たいくつかの特徴を指摘する．

第3に，行政組織の設置を対象とした事例研究をどのように展開していくのかに関しても検討する．後述するように，行政組織の設置を研究する方針は2

つに大別できる.すなわち,少数の行政組織の設置事例に着目する研究か,多数の行政組織の設置事例に着目する研究である.それぞれの方針には異なる長所と短所が存在する.この点を考慮して,第6章においてどのように具体的な事例研究を実施するかを議論する.

本章の構成は以下のとおりである.第1節では行政法学および行政学における行政組織の設置に関する先行研究の傾向と課題を指摘し,行政責任論における事例研究の意義を主張する.第2節では行政責任論における行政組織の設置の意味を明確にする.第3節では具体的な研究を進めるにあたって2つの方向性があることを指摘し,それらの方向性を比較検討する.

1.行政組織の設置をめぐる先行研究

日本では,行政組織の設置をめぐる先行研究が行政法学および行政学において蓄積されてきた.行政法学では行政組織法制度の実証的および規範的な関心に基づく研究が進められてきた.他方で,行政学では行政組織の設置の事例を対象に,実証的な関心に基づく研究が展開されてきた.これらの研究を整理し,日本における行政組織の設置に関する研究の傾向および課題を提示したい.そのうえで,行政責任論における事例研究を実施する意義を明確にする.

行政法学では行政組織法制度の実証的および規範的な関心に基づく研究が蓄積されてきた.こうした研究は組織法という分野で進められてきた.行政法学には総論,救済法と並んで組織法が存在する.ここでは,組織法のなかでも,行政組織法制度の解釈に関する研究および行政組織編成権の研究を取り上げる.

まず,組織法では行政組織法制度の実証的な関心から研究が進められてきた.ここでいう,行政組織法制度とは憲法,国家行政組織法,各府,省,庁,委員会の設置法,国家公務員法,地方公務員法および公物法といった行政組織を規定する一連の法制度を指す.これらの法令における条文の解釈あるいは判例の検討が組織法における強い関心を集めてきた［佐藤 1986；藤田 2005］.こうした

研究の展開によって，行政法学では現行の行政組織法制度のもとで行政組織の設置がどのように規定されているのかに関する知見が蓄積されてきた．

つぎに，行政組織編成権の議論において行政組織法制度の規範的な関心に基づく研究が進められてきた．行政組織編成権とは，行政組織を決定する権限である［宇賀 2019：8］．より具体的には，行政組織の新設改廃を決定する権限を指す．日本では，現行の行政組織法制度のもとで府省庁といった基本的なレベルの行政組織の編成に関する権限は国会にあると認識されてきた［佐藤 1986：141］．こうした認識は，現存する国家行政組織法によって規定されている内容と同一である．これらの認識を踏まえながらも，内閣が政令を通じて府省庁を新設することが可能であるか否か，府省庁がどの程度まで官房，局，部，課といった自らの内部部局を自律的に編成する権限を有するべきかといった問いに関する議論があった[1]．

このように，行政法学では制度を対象に，実証的および規範的な関心に基づいて研究を進める傾向にある．行政法学では行政組織の設置を規定する行政組織法制度が考察の対象となる．この制度を対象に，法令および判例の内容の解釈といった実証的な研究が進められる．他方で，行政組織編成権に関する研究は制度の規範的な研究である．なぜならば，行政組織編成権を批判的に検討する研究の結論には，現行の法制度に対する何らかの肯定的態度，あるいは否定的態度が含まれ，それらは既存の行政組織編成権を維持すべきであるという主張，あるいは改善すべきであるという主張を含意するからである．

つぎに，行政学においても行政組織の設置が研究されてきた．行政学では，行政組織の設置に関する実証的な関心に基づく研究が多い．たとえば，総務庁長官官房総務課と行政管理研究センターによる行政組織の管理の実態に関する包括的な調査を目的とする研究プロジェクトでは，行政組織が設置される過程を追跡するいくつかの事例研究が収録されている［総務庁長官官房総務課編 1987-1991][2]．ここでは，このプロジェクトにも参加した経験をもつ今村都南雄および森田朗の研究を取り上げる．2人の代表的な行政学者の研究を検討し，行政

学における行政組織の設置に関する研究の傾向を指摘したい．

今村は環境庁および国土庁の設立過程を追跡する研究を公表している［今村 1976；1987］．今村の研究では，行政組織の新設における政治過程の把握に関心が置かれる．具体的には，その行政組織に利害関係をもつ多様なアクターの活動が新設された行政組織の規模あるいは権限といった形態にどのように影響を及ぼしたのかを把握することが研究の焦点となっている．具体的には，1976年における研究では組織論の理論を用いて環境庁の新設に伴う省庁間の政治過程が分析されている［今村 1976］．また，国土庁の研究では自由民主党，社会党，建設省および農水省などの多様なアクターが国土庁の新設に対してどのような利益に基づいて，どのように影響力を行使したのかが詳述されている［今村 1987］．

他方で，森田朗は政策次元，管理次元，政治次元といった観点から，アメリカ環境保護庁の新設の過程を考察している［森田 2007］．これらの3つの次元は，森田朗による運輸省の再編過程の分析においても用いられている［森田 1987］．政策次元とは，行政組織の任務を達成するための政策の実施活動をどのように組織内で分配するかといった次元である．管理次元とは，行政組織の任務を達成するための下部組織の活動を上部組織がどのように制御および調整するかといった次元である．政治次元とは，行政組織をめぐる利害関係者の利害がどのように組織構造に反映されているかといった次元である．森田朗は3つの次元からアメリカ環境保護庁の新設の過程を分析し，行政組織が設置される過程の総合的な把握を試みた．

行政学の先行研究は，実証的な関心に基づいて行政組織の設置の事例を研究する傾向にある．たとえば，今村が環境庁および国土庁に，森田朗がアメリカ環境保護庁に着目するように，行政学では特定の行政組織の設置の事例を研究の対象とすることが多い．さらに，行政学における研究は実証的なモデルあるいは概念を用いて，行政組織の新設における意思決定の過程を適切に説明することを目的としている．

表5-1 行政組織の設置に関する先行研究の傾向

	実　証	規　範
制　度	行政法学（解釈の研究）	行政法学（行政組織編成権）
事　例	行政学	

出典：筆者作成．

　行政法学および行政学における先行研究によって，行政組織の設置をめぐる論点の多くが捕捉されている．これらの2つの研究領域では異なる関心のもとで研究がすすめられてきた．行政法学では行政組織法制度を対象に，その規範的および実態的な研究が進められる傾向にある．他方で，行政学では事例を対象に，実証的な研究が行われる傾向にある．それぞれの傾向のもとで，2つの研究領域では先行研究が蓄積されてきた．その結果，表5-1で示されるように，日本では行政組織の設置に関する論点が広い範囲まで捕捉されている．

　しかし，表5-1を見るとわかるように，行政組織の設置の事例を対象に，その規範的な側面を考察する研究はない．ここでいう規範的な事例研究には，特定の価値判断が含まれる概念あるいは考え方から行政組織の設置を批判的に検討する研究が含まれる．さらに，行政組織の設置における価値の問題を考える研究も含まれうる．この類型に含まれる研究は，行政組織の設置といった実務的な活動と規範的な研究との接点になる．

　行政組織の設置の事例を対象にした規範的な研究は，行政責任論の事例研究において可能となる．実際に，第3章および第4章では，行政責任論における概念あるいは考え方を用いて，さまざまな行政に関する制度の改革を検討した．行政組織の設置に関しても，行政責任論の事例研究は可能であると考えられる．

2．行政責任論において行政組織の設置が有する意義

　本節では，行政責任論において行政組織の設置がどのような意味を有するのかを明確にする．これまで，本書が行政組織の設置を事例にする理由として，

それが行政責任の契機としての意義を有するからであると記述してきた．以下では行政責任という営為をいくつかの段階から構成される過程として捉えることで，なぜ行政組織の設置が行政責任の契機であるといえるのかを説明する．さらに，行政責任論の観点から行政組織の設置を検討する際に留意すべき3つの点を指摘する．

（1）行政責任の過程における行政組織の設置

行政責任とは，国民および議会の抱く価値と行政の活動との間にある溝を埋める営為である．行政組織が自らの責任を確保する過程は，いくつかの段階に分類できる．これらの段階のなかでも，行政組織が設置される段階において行政が国民および議会の抱く価値にどのように応答するかが決まる．以下では，行政組織の設置の事例に関する研究を蓄積してきた行政学の知見を参照にしつつ，行政組織の設置が行政責任の契機であることを確認する．

一般的に，行政学では行政組織の設置は継続的な行政活動の開始としての意味を有すると理解されている．行政学においては，行政組織が行政活動の基本的な単位として想定されている．この基本的な単位として府省庁といったレベルを想定するか，官房，局，部，課といったレベルを想定するかに違いがあるものの，行政学では一定の規模の行政組織が行政活動の基本単位であるという合意が存在する［西尾 2001：47；大森 2006：139-40］．行政組織が存在してはじめて，特定の政策領域における政策の立案および実施といった行政活動が展開されていくのである．

現実の行政においても行政組織の設置が継続的な行政活動の起点となっている．とくに，日本の行政には活動の前に組織が存在すると指摘されてきた［大森 2006：237］．具体的には，日本では各府省庁設置法に基づいて一定の範囲の所掌事務を有する行政組織が設置されている．政府が解決すべきであると認識された社会的な問題は，この所掌事務に基づいて特定の行政組織に割り振られていく．自らが担当する問題に対処するために，それぞれの行政組織は行政活

動を展開する．このように，ある行政活動が行われるためには，その活動を所掌する行政組織の存在が前提になる．以上のような実態から，日本においても行政組織の設置が行政活動の始点となっている．

　こうした行政組織の設置が有する行政責任論的な意義は，行政組織が責任を確保する過程のなかで考察することでより明確になる．行政組織による責任確保の過程は設置，活動，評価の段階に大別できる．そのなかで，設置の段階がどのような意義を有するのかを検討したい．なお，それぞれの段階の説明は抽象的になるため，各段階において日本の府省庁を具体例とした説明を併記する．

　設置の段階では，行政組織に根本的な価値が委任される．政府において，議会，執政，行政といった主体のどれが行政組織の設置に関する権限を有するかは各国ごとに違いがある．いずれにせよ，そうした主体が行政組織を設置する段階が最初に存在する．この段階では行政組織が設置されると同時に，それに根本的な価値が委任される．根本的な価値とは，行政組織が設置された本来的な目的となる価値である．この価値は具体的な目標というよりも抽象的な理念といった形式をとって，行政組織に付与される．行政組織にとって根本的な価値は自らの存在を正当化する理由であり，自らが展開するさまざまな活動の究極的な根拠にもなる．

　日本の府省庁は，根本的な価値として設置法において任務が委任されている．府省庁は，国会による設置法の制定に基づいて設置される．その設置法において，任務が規定されている．たとえば，農林水産省設置法第3条第1項にはその任務が「農林水産省は，食料の安定供給の確保，農林水産業の発展，農林漁業者の福祉の増進，農山漁村及び中山間地域等の振興，農業の多面にわたる機能の発揮，森林の保続培養及び森林生産力の増進並びに水産資源の適切な保存及び管理を図ることを任務とする」と規定されている．設置法では任務規定の後に，任務の達成に必要な事項が所掌事務として列挙されている．行政組織は自らの所掌事務に基づいて内部部局を編成し，政策を管理する．このように，任務こそが国会によって行政組織に委任される根本的な価値である．

活動の段階では，行政組織による根本的な価値の実現に向けた活動が展開される．抽象的である根本的な価値を実現するには，それを具体的な政策に変換する必要がある．政策には，根本的な価値を具体化した政策目標とそれを実現するための政策手段が含まれている．一般的に，政策はその行政組織の外部の主体が決定する法令および予算といった形式をとる．この政策目標を実現するために，行政組織は政策を施策へと具体化し，それを実施する．こうした根本的な価値の変換過程には，レスポンシビリティとアカウンタビリティが併存する．国会が議決した法律および予算は行政活動の大枠の方向性を示す基準となる．国会が法律あるいは予算といった基準に沿って行政組織が活動しているかを監視し統制するアカウンタビリティの過程が存在する．他方で，活動の過程において行政組織には一定の裁量が付与される．この裁量の行使に伴う責任がレスポンシビリティである．

　日本の府省庁では法令および予算に基づいて任務が具体化され，実現されていく．法令および予算を決定する主体は，内閣あるいは国会といった行政組織の外部の主体である．しかし，これらの案のほぼすべてがその法令および予算を所掌する行政組織の内部で作成される．また，行政組織は法令および予算を執行するためのより具体的な計画となるプログラムも作成する．したがって，日本の政策過程では任務の実現において行政組織のレスポンシビリティにゆだねられる領域が広範に存在する．しかし，国会および内閣は各行政組織が提出する法令および予算の原案を審査し，場合によっては修正あるいは拒否する権限を有する．さらに，プログラムの執行過程における行政組織のアカウンタビリティを追及するさまざまな権限をも有している．したがって，行政組織のレスポンシビリティに大きな期待があるものの，その行使に伴うアカウンタビリティが追及される可能性は広範に存在する．

　評価の段階では，行政組織による根本的な価値の達成状況が評価される．評価の結果に基づいて，行政組織の存続あるいは改廃が議論される．行政組織の設置はあくまでも，行政が根本的な価値を実現するための手段である．したが

って，その実現状況に照らして行政組織の存続の必要性が判断される．まず，根本的な価値を実現した行政組織に関しては廃止される[3]．つぎに，それを実現していない行政組織に関しては引き続き存続させるか，その実現を断念し行政組織を廃止させるか，規模を縮小させるかが議論される．存続か廃止の判断の難易度は，その行政組織の根本的な価値の規定の形式によって左右される．すなわち，根本的な価値が具体的に規定されているほど評価が容易なため行政組織の存続か廃止かが議論されやすい．反対に，抽象的かつ広範に規定されていると，それがどの程度実現されているかが評価されにくいため，存続か廃止かの議論が難しくなる．

　日本でも行政組織の任務の実現状況に照らし，その存続あるいは廃止が判断されてきた．このなかでも府省に関しては1960年の自治庁の自治省への昇格，2001年の中央省庁再編，および2007年の防衛庁の防衛省の昇格以外に実例がない．しかし，庁の新設改廃は頻繁に進められてきた．この理由として，多くの庁には明確かつ限定的な任務が付与されており，評価が容易であった点を指摘できる．たとえば，第二次世界大戦後の初期段階に設置された復員庁あるいは引揚援護庁といった戦後処理のための庁は，その任務が一定程度達成されたと判断されてから，内部部局への降格が実施されていった．

　以上の段階が行政組織による価値の実現過程を構成する．この過程から，行政組織の設置が後の各段階を規定する重要な段階であること，行政責任の契機として定義できることがわかる．

　まず，設置の段階によって，その行政組織による責任の大枠が規定される．活動の段階は各行政組織による根本的な価値の実現の過程であった．そして，評価の段階においても行政組織の設置改廃を判断する際に根本的な価値を実現しているか否かが重要な論点となる．このように，根本的な価値は行政組織の内部組織編成を規定し，政策の大枠の方向性を示し，その行政組織の存続改廃を判断する規準となる．したがって，根本的な価値が決められる設置の段階が重要になる．

つぎに，行政組織の設置は行政責任の契機である．行政責任とは，国民あるいは議会が抱く価値と現実の行政活動の間に存在する溝を埋める営為である．行政は特定の任務を有する行政組織の活動を通じて，価値の実現を試みる．ここにおいて，行政組織の設置は行政が国民や議会に対して新たな内容の責任を負うこと，あるいは現状よりも大きな責任を負うことを決定することと同義である．また，設置の段階においてその行政組織が実現すべき価値の内容および価値を実現する方法が規定されることを考慮すると，行政組織の設置は行政責任の契機になると定義できる．

　以上，行政責任論における行政組織の設置が有する意味を検討した．具体的には，行政組織による行政責任の実現の過程を概観し，そこにおける行政組織の設置の意味と意義を明確にした．行政組織による行政責任の実現の過程に関しては，今後の研究においても言及するため，設置以降の段階に関しても明確にした．

（２）留意すべき３つの点

　行政責任論の観点から行政組織を研究する際には，留意すべき３つの点がある．すなわち，行政の任務の変動性，行政組織が追求する価値の衝突の可能性および行政組織の設置の過程における責任概念の混在がある．本章は予備的考察を目的とするため，今後の事例研究のために，留意すべき点を広範に示しておく．

１）　行政の任務の変動性

　第１に，行政の任務が変動する可能性に留意する必要がある．行政はどのような任務を追求すべきなのかという問いは，行政学において研究されてきた．日本の行政学では行政を構成する府省庁の編成に着目し，その任務の内容を考察する研究が公表されてきた［片岡 1992；後 2002］．たとえば，後房雄は先進各国の行政の任務の変遷を概観し，そのなかで日本の行政の任務が1970年代以降

にどのように見直されてきたのかを提示した [後 2002]. 片岡寛光は行政の任務を機能の観点から社会秩序維持行政, 国土基盤行政, 国際関係行政, 経済産業行政, 国民生活行政および教育文化行政に分類し, その分類に基づいて日本の府省庁を整理した [片岡 1992：168-73].

　行政が追求すべき任務は変動する. たとえば, 変動をもたらす3つの要因があげられる. まず, 国民の価値観の変化が行政の任務の内容に影響を及ぼす. つぎに, 科学技術の進歩によって行政が社会を統制できる範囲が変わり, それが行政の任務に影響を及ぼすであろう. 最後に, 社会における重大な出来事の発生が行政に新しい任務の遂行を要求する可能性がある. これらの要因が, 各国ごとの, あるいは時代ごとの行政の任務における違いを生み出している.

　行政の任務の変動性は, 行政組織の新設改廃に影響を及ぼす. 行政の任務は, 行政を構成する複数の行政組織が分担して遂行する. したがって, 行政の任務の変動は行政組織の新設改廃につながる. 具体的には, 行政に新しい任務が追加されると, その問題に対処する既存の行政組織の規模の拡大あるいは新設が行われる. 反対に, 既存の行政が担う任務の重要性が低下すると, その任務の遂行に責任を有する行政組織の廃止あるいは縮小が議論される. 行政組織の設置においては, 前者の影響に関心を持つ必要がある.

　たとえば, 日本でも行政の任務の変動に応じて行政組織が設置されてきた. まず, 国民の価値観の変化に基づく行政組織の設置として, 環境庁およびスポーツ庁を例示できる. これらの行政組織は国民の価値観の変化を反映する目的, あるいは国民の価値観を変化させる目的で設置された. つぎに, 科学技術の進歩に基づいて設置された行政組織として, 科学技術庁および原子力規制委員会がある. 科学技術庁は高度な科学技術全般に関する政策を総合的に調整するために, 原子力規制委員会は専門的な原子力行政に対する規制のために設置された. 最後に, 社会における重大な出来事の発生に伴って設置された行政組織として東日本大震災からの復興に対応する復興庁がある.

2）行政組織が追求する価値の衝突の可能性

　第2に，設置された行政組織による価値の追求が既存の行政組織による活動と衝突する可能性に留意する必要がある．

　行政組織が追求する根本的な価値は，行政組織の間で独立して存在しているわけではない．ある行政組織が有する根本的な価値と重複する価値を追求する行政組織が存在しうる．さらには，行政組織の間で追求する価値が対立する可能性もある．実際に，多くの国の政府の内部には対立する価値を追求する行政組織が別個に存在する．たとえば，多くの政府は開発の推進と環境の保護，国内産業の保護と規制の緩和，あるいは原子力発電の推進とその規制に責任を持つ行政組織を別個に有している．

　行政組織の間に発生しうる価値の対立に関して肯定的および否定的な見解が存在する．肯定的な見解は，今村のセクショナリズムに関する研究の結論に示されている．今村は行政組織の間での衝突を通じて政策をめぐる論点が明確になり，それが政策に関与するアクターの自己再定位を促すと指摘する［今村 2006：223-29］．すなわち，衝突を通じて考慮すべき複数の価値の存在が明確になり，それぞれのアクターは自らが重視する価値以外にも多様な価値が存在することを意識する．これがアクターに建設的な価値観の変容をもたらしうると主張される．他方で，否定的な見解として，異なる価値を重視している行政組織間における対立によって行政活動が非効率になるおそれがある．具体的には，活動の前に必要となる合意に到達するためのコストの増加，あるいは行政過程における一方の他方への妨害が懸念される．

　行政組織の設置は，このような価値の衝突を新たに発生させる可能性がある．行政組織の設置を通じて，特定の価値の追求に責任を有する主体が政府のなかに設けられる．設置された行政組織による価値実現のための活動が，既存の行政組織による活動と衝突する可能性がある．上述のように，この衝突の結果として肯定的な影響が生じるか，否定的な影響が生じるのかは一律的に断定できない．しかし，ほとんどの国において，行政は社会のあらゆる領域において政

策を通じて介入しているため，新たに設置された行政組織の活動が既存の行政組織と衝突する可能性はきわめて高い．

　衝突する価値のレベルによって，衝突による肯定的あるいは否定的な影響も変化するであろう．たとえば，根本的な価値の間の衝突による影響は大きい．さらに，根本的な価値は抽象的であるため，行政組織による相互の調整は困難である．したがって，当事者となる行政組織が存続する限り，頻繁に発生するような長期的な衝突になる可能性が高い．他方で，政策あるいはプログラムの目標における価値の衝突は根本的な価値と比較して具体的かつ限定的であり，組織間での調整はより容易になるであろう．

　日本においても，根本的な価値の違いによる行政組織間の衝突が生じてきた．最近の具体例としては，経営悪化に伴う地方銀行の再編を巡る金融庁と公正取引委員会の間の衝突がある[4]．金融庁は地方銀行を含めた金融業界の監督を所掌するため，地方銀行の安定した経営を志向する．したがって，経営が悪化した地方銀行の合併による経営基盤の安定化を推進してきた．他方で，公正取引委員会は独占あるいは寡占の防止を所掌する．そのため，独占あるいは寡占の発生のおそれから地方銀行の合併に慎重な立場をとる．実際に，長崎県における地方銀行の再編の是非をめぐって，異なる価値観を持つ金融庁と公正取引委員会が衝突した．このように，日本でも価値の違いによる行政組織間の衝突が発生している．

3）行政組織の設置における責任概念の混在

　第3に，行政組織が設置される過程にはレスポンシビリティおよびアカウンタビリティが混在している点に留意する必要がある．

　行政責任論の先行研究ではレスポンシビリティおよびアカウンタビリティのどちらかの概念の重要性を主張する研究が多い．本書の冒頭で説明したように，日本の行政責任論では2つの責任概念に関する理論研究が進められてきた．こうした研究の結論では，比較検討の結果に基づいてどちらの責任概念が日本の

行政にとって重要であるのかが主張されることが多い．

　しかし，現実のほとんどの行政活動の過程には2つの責任概念が混在していると考えられる．具体的には，行政組織は自らの外部に存在する主体が決定した法律あるいは予算の枠組みのなかで行為し，行政組織外部の主体に自らの行為の妥当性に対してアカウンタビリティを果たさなければならない．他方で，その枠組みに残されている裁量の領域では行政組織は自律的にレスポンシビリティを果たさなければならない．

　こうした責任概念の混在は，行政組織の設置の過程にも該当する．ここでは，日本の府省庁を設置する過程における責任概念の混在を確認する．

　まず，府省庁の設置の過程では国会によって行政のアカウンタビリティが追及される．上述のように，日本の府省庁は設置法に基づいて設立される．法律の制定には国会の議決が条件となるため，国会は議決の権限を基盤にして行政のアカウンタビリティを追及できる．具体的には，国会は行政に対して設置法の任務あるいは所掌事務，基本的な内部部局の編成の方針に関して説明を求めることができる．さらに，行政の説明に納得できない場合には法案の修正あるいは廃案にむけた活動をとることができる．このように，行政組織の骨格となる任務および所掌事務を規定する設置法は，国会によるアカウンタビリティの追及をうける．

　つぎに，府省庁の設置には行政のレスポンシビリティが発揮される側面がある．そもそも，設置法の法案の作成には行政の組織および職の細目に関して専門性を有する行政の関与が必要になる．したがって，行政は法案の作成過程においてさまざまな形式でレスポンシビリティを果たす必要がある．さらに，設置法は組織の骨格を規定するが，その詳細は行政が定める政令および府省令によって規定されていく．この理由は，行政が有する技術的な基準をより柔軟に反映する必要性，あるいは環境変化に組織の編成を迅速に対応させる必要性に求められる．このように，行政組織の設置にはレスポンシビリティの発揮も求められている．

以上が行政責任論の観点から行政組織を研究する際に留意すべき点である．この章の目的が予備的考察にあることを考慮し，包括的あるいは鳥瞰的な観点から行政の任務の変動性，価値の衝突の可能性，および行政責任の混在を指摘した．これらの点を考慮に入れ，次章における具体的な事例研究を実施していく必要がある．

3　行政組織の設置を対象にした事例研究の方向性

最後に，行政組織の設置を対象にした事例研究の方向性を比較検討したい．行政責任論の概念あるいは考え方を行政組織の設置に応用する研究を構想するにあたって，事例にする行政組織の設置の数に着目すると2つの方向性がある．第1に，少数の行政組織の設置を詳細に研究する方向性がある．第2に，多数の行政組織の設置を概括的に研究する方向性がある．本章では，2つの方向性の概要および利点と欠点を整理する．そのうえで，この研究の後に実施する事例研究ではどちらの方向性を採用したほうが望ましいのかを比較検討する．

第1の方向性として，特定の行政組織の設置を対象とする研究がある．この方向性は，少数事例の研究としての性質を有する．すなわち，特定の行政組織が研究対象となり，そこにおける設立の過程が詳細に検討される．この方向性に基づく研究では，個別具体的な行政組織の設置における行政責任の実態の把握に関心が置かれる．具体的には，特定の行政組織の設置において根本的な価値がどのように決定されたのかを詳細に追跡する研究が考えられる．さらに，根本的な価値がどのように政策およびプログラムに変換されていったのかを調査する研究もあろう．また，実際の行政組織の設置における2つの責任概念の混在の形態を検討する研究もありうる．

第1の方向性を選択する利点は，詳細さに基づく具体的な成果を産出できる点にある．少数の事例を綿密に研究することで，特定の行政組織の設置における行政責任の実態に関して信頼性および説得力の高い研究成果が産出されるで

あろう．この性質が，さまざまな利点をもたらす．まず，特異な行政組織の設置の過程を詳細に研究することで，その研究の成果の解釈から従来の行政責任論には見られなかった新しい概念および考え方を生み出せる可能性がある．つぎに，個別の行政組織に対する詳細な調査に基づく提言は，その行政組織が抱える課題に対して有用な提言になる可能性が高い．

しかし，少数の事例に着目するために，全体的な観点からの考察ができないという欠点がある．より具体的には，行政組織の設置に関する全体的な傾向あるいは共通の要素を特定できない．また，特定の行政組織における設置の過程を研究するだけでは，研究成果の意義を適切に把握することも困難である．なぜならば，特定の事例に着目した研究の意義を適切に評価するためには，一般的な行政組織の設置に対するその事例の特異性を把握しておく必要があるからである．

第2の方向性は，多数の行政組織の設置を事例にする研究である．これは，多数事例の研究としての性質を有する．第2の方向性に基づく研究では，特定の国あるいは特定の政策領域における数多くの行政組織の設置が概観される．たとえば，特定の国において行政が行政組織の設置を通じてどのような価値に応答してきたのかを概観する研究が想定される．また，特定の機能を有する行政組織の任務が各国ごとにどのように異なるのかを比較する研究が考えられる．

第2の方向性には，広範な調査に基づく応用可能性の高い成果を産出できる利点がある．多数の事例を概括的に調査することで，一般性の高い研究成果が産出される可能性が高くなる．この性質を通じて，第1の方向性では困難であった成果が達成できる．たとえば，特定の政府あるいは政策領域における行政組織の設置に関する全体的な傾向および共通の要素の特定が可能となる．さらに，ある行政組織の設置の過程における特異性を，その行政組織が含まれる全体のなかに位置づけて評価するための基盤を構築できる．

しかし，行政組織の設置に関する全体的な傾向に着目することから生じる欠点がある．それは，この方向性に基づく研究の成果は応用可能性が高いものの，

具体性が低くなることである．多数の事例を整理し，一般的または全体的な要素を抽出する過程で，特定の行政組織における特異な要素は捨象されていく．したがって，それぞれの行政組織が有する個別的な要素が研究成果に反映されなくなる．そこから，研究成果がそれぞれの行政組織が抱える個別の問題に対する実践的な提言になる可能性は低くなる．また，行政組織の特異な要素の詳細な検討は，行政責任論における既存の概念の修正および新しい概念の創造の機会になるため，その要素を見落とす方針には限界がある．

　以上の2つの方向性に基づく研究は，相互に補完性を有する．第1の方向性に基づく研究の利点は，具体性の高い研究成果を産出する点にあった．他方で，その欠点は研究成果の一般性の低さから生じるいくつかの問題であった．反対に，第2の方向性に基づく研究の利点は一般性の高い研究成果を産出する点にあった．この方向性では，具体的な提言ができないという欠点があった．それぞれの方向性の利点および欠点は対照的であり，相互に補完的な性質を有している．こうした性質を考慮すると，2つの方向性に基づく事例研究を両方ともに実施することが望ましい．

　そのうえで，第6章では第2の方向性に基づく研究を優先的に実施したい．具体的には，次章において戦後から現在までに設置された日本の庁を事例に研究を試みる．多数の設置事例が存在する庁を検討することで，日本の行政における行政組織の設置に関する全体的な傾向をまずは把握することが望ましいと考える．この研究の成果に基づいて，少数の事例を対象にした研究においてどの庁に着目すべきかが明確になるとも考えている．

十 おわりに

　本章では，行政組織の設置を対象とした事例研究のための予備的な考察を実施した．それぞれの節における考察の結果は以下のように整理できる．

　第1節では，行政組織の設置を対象とする行政責任論の事例研究が先行研究

とは異なる視点に基づいて新たな知見を産出できる可能性を指摘した．行政組織の設置は，行政法学および行政学において研究されてきた．これらの研究領域では，行政組織の設置の事例が規範的な観点から研究されてこなかった．そうした研究が行政責任論における事例研究によって可能になることを明確にした．

第2節では，行政責任論における行政組織の設置の意義を確認した．行政は自らに期待される価値を行政組織の活動を通じて実現することを試みる．ここにおいて，行政組織の設置は，行政が国民および議会の重視する価値に応答することを決定したことと同義である．そのため，行政組織の設置は行政責任の契機といえる．第2節では行政組織による行政責任の実現の過程を概観し，設置の段階の重要性を確認した．あわせて，行政責任論の観点から行政組織の設置を研究する際に留意すべき3つの点を指摘した．

第3節では，2つの研究の方向性を比較検討した．2つの方向性は，事例となる行政組織の設立の数に着目して分類される．第1の方向性は少数の行政組織の設置に着目する研究である．第2の方向性は多数の行政組織の設置に着目する研究である．これらの方向性を比較検討し，第6章では日本の庁の設置を対象に第2の方向性に基づく研究を実践することを決定した．

本章では，行政組織の設置を対象とした行政責任論における事例研究を実践するにあたって必要な準備ができたと考えている．第2章で明確にしたように，行政責任論における事例研究の先行研究はほとんど存在しない．なかでも，本書が体系的な事例研究のはじめての例となる．したがって，他の成熟した研究領域とは異なり，事例研究を実施する場合には，それをどのように実施するのかを前もって入念に検討しておくことが望ましい．こうした観点から，予備的考察は有益であったと考える．本章では，先行研究の整理，基本的な概念の明確化，具体的な研究を実施する際の方向性の検討を行った．ここでの予備的考察は，後続する研究の1つのモデルになると考えられる．

さらに，第6章以外で行政組織を対象とした事例研究を実施する際にも，参

考になる知見を産出できたと考えている．具体的には，本章では行政責任論における行政組織の設置の意義を確認するだけではなく，行政組織の設置を対象とした事例研究を実施する際に留意すべき3つの点を提示した．すなわち，行政の任務の変動性，行政組織が追求する価値の衝突の可能性，および行政組織の設置における責任概念の混在を指摘した．これらの点は，第6章だけではなく，行政組織を対象とする事例研究においても広く留意すべき点である．

注
1) 組織法では，多様な議論の結果として，さまざまな学説が存在している．学説の現状に関しては，宇賀克也の研究が詳しい［宇賀 2019：9-15］．
2) これ以外にも，行政学には多様な先行研究がある（たとえば，毛［1993］，伊藤［2003］，河合［2017］）．これらの研究も，実証的な概念あるいはモデルを用いて特定の行政組織の設置の事例を考察している．したがって，後述する行政学の先行研究の傾向のなかに含まれる．
3) 行政組織の廃止の過程が複雑かつ困難である点は，組織論あるいは政策終了論の研究によって指摘されてきた［Daniels 1997］．ここでは，行政組織の廃止における複雑さと困難さを認識しつつも，理論的な観点から根本的な価値が行政組織の廃止に影響を及ぼしうる可能性を指摘している．
4) 金融庁と公正取引委員会の事例に関しては，以下の新聞記事を参考にした．「地銀統合――金融庁 人口減に対応，公取委 寡占化を懸念――」『朝日新聞』2018年2月9日朝刊，9面，「地銀統合へ金融庁後押し――有識者会議『積極的な役割を』提言――」『朝日新聞』2018年4月12日朝刊，7面，「長崎地銀 来年4月統合――ふくおかFG・十八銀 公取委が承認――」『日本経済新聞』2018年8月24日朝刊，1面．

第 6 章　日本における庁の設置の歴史を対象とした事例研究

✚ はじめに

　第6章では，日本の内閣は庁の設置を通じてどのような責任を確保してきたのかを明らかにする．この問いは，以下の2つに大別できる．第1の問いは，戦後から現在までのいくつかの時期において設置された庁はどのような責任を共有していたのかである．第2の問いは，それぞれの庁はどのような内容の責任を確保するために設置されてきたのかである．

　第1の問いに答えるために，戦後から現在までを4つの時期に分け，それぞれの時期において設置された複数の庁に共通する責任の内容を把握する．時期の区分は1945年から1949年，1950年から1979年，1980年から2001年，2002年から2019年10月までである．それぞれの時期に複数の庁が設置されているが，それらの庁に共通の責任が求められていたのか，求められていたとすれば，どのような責任であったのかを考察する．

　第2の問いに答えるために，それぞれの庁が果たしてきた責任の内容を分類する．分類にあたって，事業庁，政策庁，調整庁および制度庁といった項目を含む類型を用いる．これらの項目は，庁が果たすべき主要な責任の内容に対応している．戦後から現在までに設置されてきたすべての庁を4つの項目に分類していくことで，日本の庁が果たしてきた責任の内容を明確にしていく．

　この章における事例研究は，第2章で述べた行政が果たすべき責任の内容を

視点として採用している．第2章では，行政責任論における事例研究の方向性として，行政責任の内容および行政責任を確保する方法があると指摘した．第3章および第4章では総合的な行政改革を事例に，行政責任を確保する方法に関する事例研究を実施した．ここでは行政責任の内容を研究し，第3章および第4章とは異なる視点から行政責任論における事例研究の意義を確認したい．

　章の構成は以下のとおりである．第1節では庁を定義し，なぜ庁を事例にするのかといった研究の基本的な方針を明確にする．第2節では，庁の設置と行政責任の関係を考察するための枠組みを明確にする．第3節では前節での作業に基づいて，内閣が庁の設置を通じてどのような責任を確保してきたのかを実際に特定していく．

1．事例としての庁

　本節では，まず，行政学および行政法学の観点から行政組織としての庁を定義する．つぎに，なぜ，この研究では行政組織の設置と行政責任の関係を考察するにあたって，庁を事例にするのかを説明する．

（1）行政組織としての庁

　ここでは，行政組織としての庁を定義する．この定義にあたって，行政組織法制度，行政法学および行政学の研究成果を参照にする．これらの観点から，庁の設置の形式，権限，長官の選抜方法，各庁の設置法の構造といった点を明確にしておきたい．

　現存する庁の多くは，国家行政組織法第3条の規定における外局として設置されている．同条第2項では省，庁および委員会が国の基本的な行政組織であると定義されている[1)2)]．さらに，同条第3項では省が内閣の統括のもとで内閣の行政事務を分担管理する行政組織であり，委員会および庁は省の外局であるとして行政組織間の関係を整理している．また，内閣府も内閣府設置法第49条第

1項に基づいて外局としての庁および委員会を設置できる．外局とは内閣府および省に置かれる内部部局に対する概念である．外局は内部部局と同様に，所属する府および各省の大臣の統括のもとに置かれる．しかし，内部部局とは異なり外局は所属する内閣府あるいは省から一定の自律性を有している［宇賀2019：189-90］．外局としての庁の自律性は，庁に付与された権限を見ると明確になる．

　国家行政組織法第3条第2項に基づく庁の長官には，さまざまな権限が付与されている．国家公務員法第55条によって，庁の長官は職員の任命権を有する．さらに，国家行政組織法において自らの任務を遂行するための権限が与えられている．まず，庁の長官は，第13条第1項に基づいて政令および省令以外の規則あるいは特別の命令の制定権を有する．つぎに，第14条第1項によって自らの所掌事務の範囲内で告示を発することができる．最後に，第15条は庁の長官が自らの任務を実現するために，ほかの行政組織に資料および説明を求め，その行政組織の政策に意見を述べる権限を認めている．内閣府に置かれる庁の長官も内閣府設置法第58条に基づいて同様の権限を行使できる．

　他方で，庁には権限の限界が存在する．たとえば，行政法学者の宇賀克也は法令および予算に関する権限の限界を指摘する［宇賀 2019：210］．すなわち，庁の長官には自らで法律案および政令案を提出する権限はなく，内閣府令は内閣総理大臣に，省令は各省大臣にその発令を求める必要がある．くわえて，財務大臣に直接的に予算要求書を提出できない．これらの点から，庁がある活動をするためには府および省の協力が必要となり，その自律性には限界がある．

　このような国家行政組織法第3条第2項の規定に基づいて設置される庁が，現存する庁の多くを占めている．国家行政組織法には同条の規定に基づいて設置された庁の一覧表が記載されている．表6-1のとおりである．

　しかし，庁という名称をもつ行政組織のなかには，国家行政組織法第3条第2項に基づいて設置されていない行政組織も存在する．これらの庁はさまざまな理由から，国家行政組織法第3条第2項とは異なる設置形式が選択されてい

表6-1　現存する庁の一覧（2019年10月現在）

消防庁，公安調査庁，国税庁，スポーツ庁，文化庁，林野庁，水産庁，資源エネルギー庁，特許庁，中小企業庁，観光庁，気象庁，海上保安庁，防衛装備庁，出入国在留管理庁

出典：筆者作成．

る．まず，国家行政組織法第8条の3の規定に基づく特別の機関として，国家公安委員会に警察庁，法務省に検察庁が設置されている．つぎに，復興庁がある．復興庁は内閣に直接的に置かれている点において国家行政組織法に規定される庁ではない．さらに，宮内庁は内閣府設置法第5節に規定される庁，施設等機関，あるいは特別の機関でもない「特別な機関」として整理される［宇賀 2019：154］．最後に，原子力規制庁は，原子力規制委員会設置法第27条にあるように実質的には庁ではなく原子力規制委員会に置かれる事務局である．これらの庁は国家行政組織法第3条第2項の規定に基づいていないため，上述の権限に関しても個別的に規定されている．

　庁の長官の選出方法に関しても，大臣が任命されるかそうでないかの違いが存在する．大臣を長官とする庁は大臣庁と呼ばれる．たとえば，中央省庁再編前には総理府に総務庁，防衛庁，経済企画庁，環境庁，国土庁，科学技術庁，沖縄開発庁および北海道開発庁といった大臣庁が存在していた．中央省庁再編以降の大臣庁は防衛庁のみとなり，防衛庁の防衛省への昇格に伴い，現在では大臣庁は存在していない．大臣庁には，実質的に省と同じ地位が認められていたと指摘されている［片岡 1992：155；大森 2006：86］．具体的には，大臣庁は内部部局の名称として局を用いることが認められていた．また，予算案および法案の提出権があったという指摘がある．

　長官の任命形式の違いに関わらず，庁は設置法を通じて設置される点において共通性を有する[3]．設置法とは特定の行政組織の設置を決定し，その基本事項を定める法律である．一方で，独立した設置法に基づいて設置される庁があり，他方で，所属する府あるいは省の設置法のなかでその設置が規定される庁もあ

4)
る．いずれの場合にせよ，設置法に基づいてその庁の基本的な事項が決定される．具体的には，その庁を設置する趣旨，組織全体の任務と所掌事務，および内部部局の構造が決定される．これらの基本的な事項は，政令あるいは省令によって詳細に規定されていく．

　日本の行政組織の1つの類型としての庁は，以上のように定義される．基本的には多くの庁が国家行政組織法第3条第2項に基づいて設置される．ただし，この規定に基づかない庁も存在することを確認した．さらに，庁には長官の選抜のされ方に伴う違いが存在する．このように，庁には多様な形式が存在するが，法令に基づいて構造が決定される点では共通性を有している．こうした庁を事例にする理由を次項において説明する．

（2）庁に着目する理由
　ここでは，庁を事例に選択した理由を説明する．上述のように，日本の中央政府では庁と並んで内閣府，省および委員会が基本的な行政組織として存在している．さらに，それぞれの行政組織のなかには官房，局，部，課あるいは室といった内部部局が含まれている．以下では府，省，委員会および内部部局ではなく，庁を事例とすることが望ましい理由を，この研究の目的，方法および研究成果の観点から明確にする．

　本章の冒頭で述べたように，この研究の目的は内閣が庁の設置を通じて確保してきた責任の内容を把握することである．そのために，2つの方法を用いる．まず，戦後から現在までの時期を4つに区分し，それぞれの時期に設置された複数の庁に共通する責任の内容を把握する．つぎに，それぞれの庁が果たしてきた責任の内容を事業庁，政策庁，調整庁および制度庁に分類することで特定する．こうした研究の方針は，前章において提示した多数の行政組織の設立事例を用いる研究を優先的に実施することが望ましいとする方針を参照にしている．

　こうした行政組織の設立史に着目した研究を実施する際に，府，省および委

員会は事例にできない．府および省に関しては，戦後直後の時期を除けば，1960年の自治庁の自治省への昇格，2001年の中央省庁再編，および2007年の防衛庁の防衛省の昇格以外に設置の事例はない．委員会に関しても，戦後直後の1946年から1950年に設置された委員会のほとんどが1952年に廃止され，それ以降は断片的に設置されているに過ぎない［伊藤 2003：267］．このように，府，省および委員会といった行政組織の設立の歴史には断絶が存在する．これらの組織は，戦後から現在までの特定の期間において設置の事例が存在しないのである．したがって，これらの行政組織は上述の第1の問いを検討するための適切な事例であるとはいえない．以上の理由から，ここでは府，省および委員会を事例にしない．

つぎに，官房，局，部，課あるいは室といった内部部局に関しては，今後の研究の展開を考慮して事例にしなかった．府，省，庁および委員会のなかには，時代ごとの政策課題の変容に応じて自らの内部部局の新設改廃を繰り返してきた行政組織が存在する．そうした行政組織における内部部局の編成の歴史を事例にすることで，多数の行政組織の設置の事例を対象とした研究は可能になる．しかし，この研究ではその事例から導出できる結論を考慮して内部部局を事例にしなかった．庁は内部部局よりも包括的な行政組織の単位である．そのため，庁を事例にして得られる結論は内部部局を事例にして得られる結論よりも，内閣が行政組織の設置を通じて社会におけるどのような問題に対する責任を確保してきたのかをより全体的な観点から把握することに資する．研究を展開するうえで，まず包括的な観点から考察を進めるべきであると判断して，内部部局ではなく庁を事例にする．

これらの理由から，本章では内閣府，省，委員会あるいは内部部局ではなく，庁を事例にする．表6-2は戦後から現在までに設置された庁の一覧表である．[5]この表から，庁は戦後から現在まで新設改廃が定期的に進められてきたことを確認できる．片岡寛光も1960年における自治庁の自治省への昇格によって確立した府省体制のもとで生じた新規の行政需要は，庁の設置によって充足されて

きたことを指摘している［片岡 1992：170］．また，庁は府，省および委員会と同様に包括的な行政組織の単位であり，その事例研究を通じて得られた結論は内部部局を事例にした場合よりも日本における行政組織の設置と行政責任の関係を全体的に把握することに資する．こうした点から，庁はこの研究の目的にかなう事例であるといえる．

2　庁の責任の内容を把握するための枠組み

ここでは，内閣が庁の設置を通じて確保してきた責任の内容を把握するための枠組みを明確にする．第1に，戦後から現在までを4つの時期に区分し，それぞれの時期ごとに設置された複数の庁に共通する責任を抽出する手続きを説明する．第2に，行政活動に関する類型を構築し，戦後から現在までに設置されてきたすべての庁を分類し，庁が果たしてきた責任の内容を把握していく方法を提示する．

まず，1945年から2019年10月までを4つの時期に区分し，それぞれの時期ごとに設置された庁に共通する責任の内容を特定していく．この研究では，戦後から現在までを1945年から1949年，1950年から1979年，1980年から2001年，2002年から2019年10月までの4つの時期に区分する．4つの時期区分は，それぞれの時代背景が明確になるよう設定されている．

それぞれの時期において設置された庁に共通する責任を特定するために，以下の手続きをとる．まず，それぞれの時期において広く認識されていた社会的な問題を特定する．つぎに，その問題の発生によって行政全体にどのような責任が課せられるようになったのかを確認する．そして，内閣に課せられた責任を確保するために，複数の庁が設置されてきたことを明確にする．この過程のなかで，その時期において行政全体に課せられた責任こそが，複数の庁に共通する責任であったと考える．

つぎに，戦後から現在までに設置された庁の責任の内容を行政活動の4つの

表6-2 戦後から現在までに設置された庁の一覧

	設置期間	根拠法	庁が属する行政組織	行政組織の分類
貿易庁	1945.12.14～1949.5.25	貿易庁官制	商工省	事業庁
石炭庁	1945.12.14～1949.5.25	石炭庁官制	商工省	政策庁
復員庁	1946.6.15～1947.10.15	復員庁官制	内閣総理大臣の管理に属する	事業庁
物価庁	1946.8.12～1952.4.1	物価庁官制	内閣総理大臣の管理に属する	事業庁
検察庁 ※	1947.5.3～	検察庁法	法務省に置かれる	事業庁
総理庁	1947.5.3～1949.6.1	総理庁官制	内閣総理大臣の管理に属する	事業庁, 政策庁, 制度庁, 調整庁
賠償庁	1948.2.1～1952.4.28	賠償庁臨時設置法	総理庁	調整庁
法務庁	1948.2.15～1949.6.1	法務庁設置法	内閣に置かれる	制度庁
国家消防庁	1948.3.7～1952.8.1	消防組織法	国家公安委員会	政策庁
海上保安庁	1948.5.1～	海上保安庁法	運輸省	事業庁
引揚援護庁	1948.5.31～1954.4.1	引揚援護庁設置令	厚生労働省	事業庁
水産庁	1948.7.1～	水産庁設置法	農林省	政策庁
行政管理庁	1948.7.1～1984.7.1	行政管理庁設置法	総理庁	事業庁, 制度庁
中小企業庁	1948.8.1～	中小企業庁設置法	商工省	政策庁
経済調査庁	1948.8.1～1952.8.1	経済調査庁法	総理庁	事業庁
工業技術庁	1948.8.1～1952.8.1	工業技術庁設置法	商工省	事業庁, 政策庁
特許庁	1949.5.25～	通商産業省設置法	通商産業省	事業庁
資源庁	1949.5.25～1952.8.1	通商産業省設置法	通商産業省	政策庁
国税庁	1949.6.1～	大蔵省設置法	大蔵省	事業庁
林野庁	1949.6.1～	農林省設置法	農林省	事業庁, 政策庁
宮内庁 ※	1949.6.1～	総理府設置法 宮内庁法	総理府	
航空保安庁	1949.6.1～1950.12.12	電気通信省設置法	電気通信省	事業庁
電波庁	1949.6.1～1950.6.1	電気通信省設置法	電気通信省	事業庁
特別調達庁	1949.6.1～1952.8.1	特別調達庁設置法	総理府	事業庁
地方自治庁	1949.6.1～1952.8.1	地方自治庁設置法	総理府	制度庁
造幣庁	1949.6.1～1952.8.1	大蔵省設置法	大蔵省	事業庁
印刷庁	1949.6.1～1952.8.1	大蔵省設置法	大蔵省	事業庁
食糧庁	1949.6.1～2003.7.1	農林省設置法	農林省	事業庁, 政策庁
海難審判庁	1949.6.1～2008.10.1	海難審判法 運輸省設置法	運輸省	事業庁
出入国管理庁	1950.10.1～1951.11.1	出入国管理庁設置令	外務省	事業庁
航空庁	1950.12.12～1952.8.1	運輸省設置法	運輸省	政策庁
北海道開発庁	1950.6.1～2001.1.6	北海道開発法	総理府	調整庁
入国管理庁	1951.11.1～1952.8.1	入国管理庁設置令	外務省	事業庁
公安調査庁	1952.7.21～	公安調査庁設置法	法務府	事業庁

第 6 章　日本における庁の設置の歴史を対象とした事例研究　　125

保安庁	1952.8.1～1954.7.1	保安庁法	総理府	事業庁	
経済審議庁	1952.8.1～1955.7.20	経済審議庁設置法	総理府	調整庁	
自治庁	1952.8.1～1960.7.1	自治庁設置法	総理府	制度庁	
調達庁	1952.8.1～1962.11.1	調達庁設置法	総理府	事業庁	
警察庁　※	1954.7.1～	警察法	国家公安委員会に置かれる	事業庁，政策庁	
防衛庁	1954.7.1～2007.1.9	防衛庁設置法	総理府	事業庁	
経済企画庁	1955.7.20～2001.1.6	経済企画庁設置法	総理府	調整庁	
科学技術庁	1956.5.19～2001.1.6	科学技術庁設置法	総理府	政策庁，調整庁	
気象庁	1956.7.1～	運輸省設置法	運輸省	事業庁	
消防庁	1960.7.1.～	自治省設置法　消防組織法	自治省	政策庁	
防衛施設庁	1962.11.1～2007.9.1	防衛庁設置法	防衛庁	事業庁	
社会保険庁	1962.7.1～2009.12.31	厚生省設置法	厚生省	事業庁	
文化庁	1968.6.15～	文部省設置法	文部省	政策庁	
沖縄・北方対策庁	1970.5.1～1972.5.15	沖縄・北方対策庁設置法	総理府	調整庁	
環境庁	1971.7.1～2001.1.6	環境庁設置法	総理府	政策庁，調整庁	
沖縄開発庁	1972.5.15～2001.1.6	沖縄開発庁設置法	総理府	調整庁	
資源エネルギー庁	1973.7.25～	通商産業省設置法	通商産業省	政策庁	
国土庁	1974.6.26～2001.1.6	国土庁設置法	総理府	調整庁	
総務庁	1984.7.1～2001.1.6	総務庁設置法	総理府	事業庁，政策庁，制度庁，調整庁	
金融監督庁	1998.6.22～2000.7.1	金融監督庁設置法	総理府	事業庁	
金融庁	2000.7.1～	金融庁設置法	総理府	事業庁，政策庁	
郵政事業庁	2001.1.6～2003.4.1	郵政事業庁設置法	総務省	事業庁	
観光庁	2008.10.1～	国土交通省設置法	国土交通省	政策庁	
消費者庁	2009.9.1～	消費者庁及び消費者委員会設置法	内閣府	政策庁，調整庁	
復興庁　※	2012.2.10～	復興庁設置法	内閣に置かれる	政策庁，調整庁	
原子力規制庁※	2012.9.19～	原子力規制委員会設置法	原子力規制委員会の事務局	事業庁	
スポーツ庁	2015.10.1～	文部科学省設置法	文部科学省	政策庁	
防衛装備庁	2015.10.1～	防衛省設置法	防衛省	事業庁，政策庁	
出入国在留管理庁	2019.4.1～	法務省設置法	法務省	事業庁，政策庁	

注：名称の横に※印が付されている庁は，現存する庁であり，内閣府設置法第49条第1項および国家行政組織法第3条第2項に基づいて設置されていない庁である．
出典：内閣官房編［2005；2015］，内閣制度百年史編纂委員会編［1985］，内閣制度百十周年記念史編集委員会編［1995］，内閣制度120周年記念史編集委員会編［2005］，内閣制度130周年記念史編集委員会編［2015］を参考に筆者作成．

類型のなかに分類していく．類型の項目は事業庁，政策庁，調整庁および制度庁である．この類型は行政の研究および実務において府，省，庁および委員会といった行政組織に言及する際に用いられる事業官庁，政策官庁，調整官庁および制度官庁といった類型を参照にしている[7]．具体的には，庁のみを対象にした類型に修正している．特定の庁を4つの項目に分類する際の基準は，その庁の根幹的な行政活動にある[8]．すなわち，この研究では庁の設置法で規定されている任務および所掌事務，内部部局の構成といった情報に基づいて，戦後から現在までに設置されてきた庁の根幹的な行政活動を特定し，4つの項目に分類する．

　第1の類型は，事業庁である．事業庁とは，個別具体的な事業の実施に責任を有する庁を指す[9)10]．表6‐1に掲げられた庁のなかで，公安調査庁，出入国在留管理庁，国税庁，林野庁，特許庁，海上保安庁，気象庁および防衛装備庁が事業庁としての性格を有する．事業庁には，自らで事業を実施するための大規模な組織および人員から構成される実施担当組織を有しているという特徴がある．たとえば，公安調査庁は公安調査局および公安調査事務所，出入国在留管理庁は地方出入国在留管理局および入国管理センター，国税庁は国税局および税務署，林野庁は森林管理局および森林管理署，特許庁は各審査部および審判部，海上保安庁は管区海上保安本部および海上保安（監）部，気象庁は管区気象台および地方気象台，防衛装備庁は各種の装備研究所等の実施担当組織を有している．事業庁は自らの実施担当組織をもって，課せられた任務を直接的に実現することを試みる．この実施担当組織の有無が事業庁と政策庁を区別する1つの指標となる．

　第2の類型は，政策庁である．政策庁とは，政策の企画立案に責任を有する庁である．具体的には，自らが設定した政策目標を実現するために，さまざまな政策手段をもって政策対象に働きかける庁を指す．表6‐1にある庁のなかで，政策庁は消防庁，出入国在留管理庁，スポーツ庁，文化庁，林野庁，水産庁，資源エネルギー庁，中小企業庁，観光庁および防衛装備庁の10の庁である．

事業庁と比較した場合に，原則的に政策庁は自らの任務を実現するための実施担当組織をもたない[11]．政策目標のほとんどが，当該政策領域において活動する政策対象の行動の変化によって実現する．したがって，政策庁には政策対象の行動に影響を及ぼす手段が必要となる．この手段こそが政策手段である[12]．山谷清志によれば，政策手段は分配，再分配，規制とその緩和，広報・PR・教育，税制および制度の創設と改変に分類できる［山谷 2012：41］．

　第3の類型は，調整庁である．調整庁は，政策目標を実現するための行政組織間の調整に責任を有する．第5章で見たように，ほとんどの政策領域において，複数の行政組織が重複あるいは矛盾する活動を展開している．調整庁は，特定の政策領域における政府全体的かつ長期的な目標を策定し，複数の行政組織間の個別的な政策の形成および実施を調整することに責任を有する．現存する調整庁として復興庁，金融庁および消費者庁がある．調整庁は任務の達成のために府，省，庁および委員会といった同格もしくは自身よりも上級の行政組織の活動に対して監視あるいは勧告を行う必要がある．監視や勧告の正当性および実効性を確保するために，調整庁は内閣総理大臣が長を務める総理府および内閣府に設置されてきたという特徴がある．

　第4の類型は，制度庁である．制度庁とは，行政の制度の管理に責任を有する庁である．ここでいう行政の制度とは，行政組織の活動を横断的に拘束する法令から構成される制度を指す．たとえば，予算制度，行政組織制度，公務員制度，地方自治制度がある．制度庁は制度の運用に関する一般的な方針の作成，行政組織による制度の運用状況の調査，環境の変化に応じた制度の修正などを任務とする．現在の日本では，制度庁は存在しない．しかし，後述するように過去には地方自治庁および行政管理庁といった制度庁が存在していたため類型のなかに含めている．上述の調整庁と制度庁は行政組織の活動の勧告，監督，統制等に責任を有するという共通点が存在する．しかし，調整庁は政策目標の実現に，制度庁は行政内部の制度の管理に責任を有するという相違点が存在する．この点が調整庁と制度庁を区別する指標となる．

これらの2つの枠組みに基づいて，内閣が庁の設置を通じてどのような責任を確保してきたのかを概観していく．

なお，本章において庁の基本的な情報を記述したり，事業庁，政策庁，調整庁および制度庁への分類をしたりする際に，以下の情報源を参照にしている．まず，衆議院のウェブサイトに掲載されているそれぞれの庁の設置当初の設置法を参照にして，その庁の任務，所掌事務および内部部局に関する情報を取得した．さらに，庁あるいは当該庁が所属する府省が公表した当該行政組織に関する歴史を著した資料を参照にして，その庁の行政活動の基本的な性質に関する記述，内部部局に関する詳細な情報を取得した．また，必要に応じて実務担当者，行政法学者あるいは行政学者が執筆した庁の設置過程や任務の内容を取り扱った学術論文を参考にした．

╋ 3　内閣における庁の設置と行政責任

以下では，これまでの整理をもとに，内閣が庁の設置を通じてどのような責任を確保してきたのかを特定していく．具体的には，前節で区分した4つの時期ごとに設置されてきた庁に共通する責任の内容を特定していく．あわせて，事業庁，政策庁，調整庁および制度庁といった類型に基づいて庁の責任の内容を分類していく．

（1）1945-1949年──戦後処理と行政基盤の確立

1945年から1949年までの時期には，第二次世界大戦の終戦および新憲法の制定といった出来事があった．これらの出来事から，戦後処理および行政基盤の再整備に対する責任の確保が内閣に求められた．2つの責任に応えるために，内閣は庁を設置してきた．このような経緯から，1945年から1949年までに設置された庁に共通する責任は戦後処理と行政基盤の確立であった．

この時期において設置された庁の名称を有する行政組織の数は29であった．

具体的には，貿易庁，石炭庁，復員庁，物価庁，検察庁，総理庁，賠償庁，法務庁，国家消防庁，海上保安庁，引揚援護庁，水産庁，行政管理庁，中小企業庁，経済調査庁，工業技術庁，特許庁，資源庁，国税庁，林野庁，宮内庁，航空保安庁，電波庁，特別調達庁，地方自治庁，造幣庁，印刷庁，食糧庁，海難審判庁が設置された[13]．この研究で調査するほかの期間に比べて，1945年から1949年までにおける庁の設置数の多さは顕著であることが確認できる．

これらの庁を事業庁，政策庁，調整庁および制度庁に分類すると，以下のようになる．

第1に，18の事業庁が設置された．すなわち，貿易庁，復員庁，物価庁，海上保安庁，引揚援護庁，行政管理庁，経済調査庁，工業技術庁，特許庁，国税庁，林野庁，航空保安庁，電波庁，特別調達庁，造幣庁，印刷庁，食糧庁，海難審判庁である．貿易庁は，日本政府が連合国軍総司令部の監督の下で作成した輸出入計画に基づく国家管理貿易を一元的に管理する庁として設置された［通商産業省通商産業政策史編纂委員会編 1992：72-98；383-84］．復員庁は陸軍関係の復員を担当する第一復員局と海軍関係の復員を担当する第二復員局から構成される．第一復員局は復員連絡局，留守業務局，船舶残務整理部，上陸地支局を，第二復員局は地方復員局および上陸地連絡所を実施担当組織として有していた［厚生省援護局編 1977：28］．物価庁は経済安定本部，とくに第五部が企画立案した物価対策の実行に責任を有する庁としての性格を有していたことが指摘されている［経済企画庁戦後経済史編纂室編 1964：41-3］．物価庁は地方に地方物価事務局を有していた［Ibid.：42］．海上保安庁は戦後直後に乱立していた海上保安業務を統合する執行機関として，海上保安本部を各地に備えた組織として設置された［運輸省 1980：157-61］．引揚援護庁は一般国民の引揚げを担当していた引揚援護院と厚生省の内部部局である復員局が併合される形で設置された．大規模な引揚援護業務を進めるために地方引揚援護局，復員連絡局，復員連絡支部および地方復員残務処理部といった実施担当組織を有していた［厚生省援護局編 1964：28-30］．行政管理庁は，管区行政監察局を通じた行政監察の事業に責任

を有していた［行政管理庁史編集委員会編 1984：589-95］．経済調査庁は経済統制に関する法令の啓発および国民や行政組織による違反行為の調査と監査を任務とする庁であり，管区経済調査庁および地方経済調査庁を実施担当組織として有していた［経済企画庁戦後経済史編纂室編 1964：366］．工業技術庁は鉱業と工業に関する試験研究を実施するために13の試験研究機関を有し，工業の標準化にも責任を有する事業庁であった［通商産業省通商産業政策史編纂委員会編 1994：189-90］．特許庁は発明，実用新案，意匠および商標に関する事務を推進するために，審査第一部，審査第二部および審判部を有する事業庁として設置された［特許庁編 1985：229-35］．国税庁は内国税の徴収という任務を国税局および税務署の活動を通じて実現する事業庁である［国税庁編 2000：58-62］．林野庁は国有林野事業を推進するために，本庁に業務部を，地方支分部機関として営林局および営林署を有する事業庁である［農林省林野庁編 1957：17-8］．航空保安庁は戦争直後における民間航空禁止の解禁後を見据えた航空施設の建設，保安，運用，管理に関する事業に責任を負う庁であり，実施担当組織として航空保安事務所を有していた［郵政省編 1963：503-05］．電波庁は地方電波管理局を通じて，無線に関する条約および法令に基づく電波の統制，監理，規律の確保に責任を有する事業庁であった［郵政省編 1961：12-21］．特別調達庁は連合軍の需要する物品あるいは役務の調達に関する事業を推進するために，本庁に契約部および技術部，地方支分部局に地方特別調達局および監督官事務所を有する庁であった［防衛施設庁史編さん委員会編 1973：484-95］．造幣庁は造幣事業を実施するために中央に作業部，地方に東京支庁，広島支庁，熊本出張所を有する庁であった［大蔵省財政金融研究所財政史室編 1998：141-43］．印刷庁は印刷事業を実施するために，中央に作業部，地方に8の工場，10の出張所を有する庁であった［Ibid.：139-41］．食糧庁は，地方支分部局である食糧事務所を通じて主要食糧の国家管理および飲食料品と油脂の生産，流通，消費の調整といった事業を任務としていた．海難審判庁は，地方海難審判庁および高等海難審判庁による海難審判を通じた海難の原因の特定および再発防止に責任を有する庁であった

［運輸省 1980：167-69］．

　第2に，8つの政策庁が設置された．政策庁として，石炭庁，国家消防庁，水産庁，中小企業庁，工業技術庁，資源庁，林野庁，食糧庁がある．石炭庁は戦後復興のための石炭，亜炭，ガスおよびコークスの増産を目標とする資源政策を担当した政策庁である．具体的には，「炭鉱の整備，荒廃した坑内外設備の改善，ならびに炭鉱労務者対策の緊急樹立等」を通じて石炭増産を推進した［通商産業省編 1962：337-38］．国家消防庁は実際の消防活動を直接的に実施する庁ではなく，自治体に置かれる消防の組織と財政に関する企画立案，消防職員の訓練，地方自治体の消防行政に対する勧告，助言，斡旋といった事項を担当するために国家公安委員会に置かれた政策庁である［地方自治百年史編集委員会編 1993：170-72］．水産庁は水産業の経営の発達と改善および水産物の増産に責任を有する庁であり，漁区の設定，漁船に関する規制，漁業復興のための金融といった政策手段を有する政策庁であった［水産庁50年史編集委員会編 1998：59-67］．中小企業庁は，中小企業の「経営を向上させるに足る諸条件を確立する」といった政策目標を実現するために，中小企業の経営状況の調査と診断，設備と技術の利用奨励，優良製品の製法の展示会の開催といった政策手段を備えた庁として設置された［通商産業省通商産業政策史編纂委員会編 1993：635-40］．工業技術庁は直接的に鉱工業の研究を実施するだけではなく，工業化試験補助金，鉱工業技術研究補助金等の政策手段を有する政策庁でもあった［通商産業省通商産業政策史編纂委員会 1994：208-21］．資源庁は，通商産業省の主な任務である通商とは関係の薄い国内資源の開発，規制，保護を総合的に推進する政策庁として設置された［加納 1974：26-8］．林野庁は上述の国有林野事業だけではなく，民有林をも対象に含めた造林および治山の推進，林道の整備といった森林行政を担う政策庁であった［森田 1974：114-23］．食糧庁は主要食糧，飲食料品及び油脂に関する団体の指導監督および助成に責任を負った政策庁でもあった［食糧庁食糧管理史編集室 1958：741-47］．

　第3に，2つの制度庁が設置された．すなわち，行政管理庁および地方自治

庁が設置された．行政管理庁にはその設置法において行政組織の内部部局・定員・運営，行政監察，統計調査を管理する責任が課せられた．したがって，国家行政組織法に規定される行政組織制度の管理に責任を有していた．地方自治庁は総理庁官房自治課および地方財政委員会が「合体」する形で総理府に設置された庁であった［内山編 1975：76］．こうした背景から，地方自治庁は総理庁官房自治課が担っていた地方自治体の行政および職員に関する制度の企画立案を連絡行政部で，地方財政委員会が担っていた地方財政制度に関する企画立案を財政部で所管することになった．

第4に，調整庁の設置もあった．賠償庁はそれぞれの行政組織による賠償に関する活動を対象とした総合調整を行うために，総理庁の外局として設置された庁である．また，その推進のための企画立案および監査に関する権限を有していた．

1945年から1949年に設置された庁は以上のように整理される．それでは，この時期において設置された複数の庁はどのような責任を共有していたのかを考察する．

この時期における第二次世界大戦の終戦と新憲法の制定が，内閣の新たな責任を発生させることになった．日本政府は1945年8月15日にポツダム宣言を受諾し，無条件降伏を受け入れた．戦争が終結したことで，戦後処理を進める責任が内閣に課せられた．さらに，日本の敗戦に伴って，GHQによる間接統治のもとで大日本帝国憲法が日本国憲法へと改正された．憲法改正およびそれに基づく国家行政組織法の制定によって，内閣は自らの活動を進めるための組織的な基盤を再整備する必要があった．当時の時代背景のもとで，内閣には戦後処理と行政基盤の再整備に対する責任が生じていたのである．

これらの責任に応えるために，当時の内閣は庁を設置してきた．すなわち，戦後処理と行政基盤の確立が，この時期に設置された庁に共通する責任であった．

第1に，戦後処理のためにさまざまな庁が設置された．より具体的には，混

乱した経済の安定化，復員や引揚げ，賠償，および連合国のための資源調達といった責任が庁の設置を通じて確保された．戦後処理は政府が中心となって進める必要があること，任務の内容が明確である場合が多いこと，遂行しなければならない業務の量が膨大であることから，事業庁の設置を通じた対応がなされていた点に特徴がある．

混乱した経済の安定化に対する責任は貿易庁，物価庁および経済調査庁の設置によって対応された．貿易庁は戦後に物資が不足していた日本が最低水準の生活必需品を輸入できるようにするための国家管理貿易の窓口としての責任を有していた［通商産業省通商産業政策史編纂委員会編 1992：72-98］．物価庁は，大蔵省物価部では戦後のインフレに対処するには不十分であるという判断から，物価部が経済安定本部および物価庁に分離される形で設置された．とくに，物価庁は経済安定本部が調整立案した物価対策を実施する責任を負った［経済企画庁戦後経済史編纂室編 1964：39-43］．経済調査庁は戦後における統制経済制度の社会への浸透に責任を有していた．具体的な任務は「経済統制履行確保のための企画立案，経済法令の啓発宣伝，行政監査，経済違反の調査，検察庁ならびに警察への勧告など」であった［Ibid.：108］．

復員および引揚げに関しては，復員庁および引揚援護庁がその任務を担った．復員庁は，陸軍の復員を任務とした第一復員省，および海軍の復員を任務とした第二復員省の規模を縮小し統合する形で1946年に設置された事業庁である．引揚援護庁は日本国民の引揚げを任務としていた引揚援護院に復員庁の後継組織であった厚生省復員局を併合する形で1948年に設置された．引揚援護庁の設置をもって，復員事業は統合されることになったのである．このように，復員および引揚げといった戦後処理に関連する業務を担う組織には変動があったものの，庁という組織形態が終戦後の復員および引揚げに対する責任を確保するにあたって重要な役割を果たしてきた．

賠償の問題は賠償庁の責任となった．賠償庁は外務省に設置されていた終戦連絡中央事務局の賠償部が独立する形で1948年に設置された．賠償庁は内閣総

理大臣の管理のもとで賠償問題に関する企画立案，および各省庁による賠償作業の総合調整，推進，監査に責任を有していた．

　占領軍の資源の調達は，特別調達庁が担うことになった．特別調達庁は，1947年に特別調達庁法によって設置された公法人である特別調達庁が1949年に特別調達庁設置法によって行政組織に改組される形で設置された．その任務には，連合国が利用する施設の建設と修繕および物や役務の調達があった．特別調達庁は，終戦連絡局あるいは地方政府に分散されていた調達に関する事務を統合する目的のもとで設置された庁であった．

　第2に，新憲法の制定に伴う行政基盤の再整備のために庁が設置された．日本国憲法の制定に伴って，国会では民主的かつ能率的な行政運営のために行政に関する通則的な制度に関する法律が新たに制定されることになった．これらの制度を管理する責任は，制度庁の設置を通じて確保されることとなった．さらに，国家行政組織法の制定による新たな行政組織制度の確立に伴って，行政が担うべき公共性の高い事業を実施する体制を再整備する必要があった．これらの責任に応えるために，事業庁が設置されてきた．

　まず，行政を横断する制度を所管するために，庁が設置された．具体的には，上述の類型において制度庁に該当した行政管理庁および地方自治庁がある．行政管理庁は，新憲法に伴って制定された国家行政組織法を所管した．具体的には，各省庁の内部部局の新設改廃あるいは定員の増減を管理することで行政組織制度を管理した．地方自治庁は新憲法によって新たに章を付された地方自治を保障する行政組織として設置された．具体的には，地方自治制度および地方財政制度といった制度の管理に責任を有していた．

　つぎに，社会において行政が担うべきであると考えられる公共性の高い事業を実施する体制を整備するために庁が活用された．具体例として，この時期に設置された事業庁がある．たとえば，海上保安庁，特許庁，国税庁，造幣庁，および印刷庁がある．海上の警備，知的財産権の保護，税の徴収，貨幣の製造は公的な主体が明確なルールの下で公正，公平に実施する必要がある事業であ

る．こうした公共性の高い業務を行政が自らによって遂行する体制をとるために，事業庁という形態が選択されたのである．

このように，1945年から1949年までに設置された庁には戦後処理と行政基盤の確立という共通の価値があった．第1に，終戦に伴う経済の安定化，国民生活に必要な物資の確保，復員と引揚げ，賠償，占領軍のための調達といった任務を有する庁が設置された．第2に，日本国憲法の制定に伴う行政組織編成に関する制度の変更および行政横断的な制度を管理するために庁が設置された．これらの複数の庁に共通する責任の背後には，当時の日本における第二次世界大戦の終了および新憲法の制定といった課題が存在していた．

（2）1950-1979年——高度経済成長および外交から生じた変動への対応

ここでは，1950年から1979年までに設置された庁に共通する責任を概観する．当時の日本は高度経済成長による経済的な変化，および外交の進展による政治的な環境の変化に直面していた．内閣は，2つの大きな変化に対応する責任を庁の設置によって確保した．したがって，1950年から1979年までに設置された庁は経済的および政治的な環境の変化への対応という共通の価値を有する．

この時期に設置された庁の名称を有する行政組織の数は23である．すなわち，出入国管理庁，航空庁，北海道開発庁，入国管理庁，公安調査庁，保安庁，経済審議庁，自治庁，調達庁，警察庁，防衛庁，経済企画，科学技術庁，気象庁，消防庁，防衛施設庁，社会保険庁，文化庁，沖縄・北方対策庁，環境庁，沖縄開発庁，資源エネルギー庁，国土庁が設置された[14]．1950年から1979年までにおける庁の設置数は，研究において区分した時期のなかで1945年から1949年までの時期に続いて2番目に多い．

これらの庁を事業庁，政策庁，調整庁および制度庁に分類すると以下のようになる．

9つの事業庁が設置された．すなわち，出入国管理庁，入国管理庁，公安調査庁，保安庁，調達庁，防衛庁，気象庁，防衛施設庁，社会保険庁が設置され

た．保安庁は日本の平和と秩序の維持および人名と財産の保護を任務とし，この目標を確保するために，実施担当組織として保安隊および警備隊を保有する事業庁であった［麻生 1952a；1952b］．出入国管理庁は外国人の出入国の管理，登録および強制退去に関する事務を一元的に実行するために，実施担当組織として針尾収容所および5つの出張所を有する実施庁であった［法務省編 2000：497］．1951年の出入国管理令の施行に合わせて出入国管理庁は入国管理庁になり，大村と横浜に入国者収容所が増設され，出張所も5か所から10か所に増設されることになった［Ibid.］．公安調査庁は破壊活動防止法に基づく行政処分の対象となりうる団体の調査，および公安審査委員会への処分請求を行う機関として設置され，実施担当組織として公安調査局および地方公安調査局を有していた［法務省編 2000：543-45；549-50］．調達庁は日本の独立後に駐留米軍への施設あるいは区域の提供といった調達活動を担う庁として，特別調達庁の組織を改正する形で設置された［防衛施設庁史編さん委員会編 1973：499-503；防衛施設庁史編さん委員会編 2007：14-8］．防衛庁は日本の平和と独立および国の安全を保つ任務をもち，独立後の日本の自衛力を確保するための組織として保安庁を改組する形で設置された［伊藤 1955：130-33］．防衛庁は実施担当組織である陸上自衛隊，海上自衛隊，航空自衛隊の管理および運営に責任があった．気象庁は当時の台風災害の頻発等による気象業務の重要性に対する認識の浸透を受けて，中央気象台が外局になる形で設置された実施庁であり，実施担当組織として管区気象台，海洋気象台等を有していた［運輸省50年史編纂室編 1999：228］．防衛施設庁は駐留米軍と自衛隊の施設の取得，管理および関連業務を一体的に運用する必要性が生じたため，前者の業務を担っていた調達庁と後者の業務を担っていた防衛庁建設本部を合併する形で設置された事業庁である［防衛施設庁史編さん委員会編 2007：36-45］．社会保険庁は厚生省が内部部局を通じて社会保険制度の企画と実施の両方を担っていた体制を改めるため，実施を専門的に担う事業庁として設置された［社会保険庁二十五年史編集委員会編 1988：117-21］．

6つの政策庁が設置された．航空庁，科学技術庁，消防庁，文化庁，環境庁

およひ資源エネルギー庁である．航空庁は航空運送事業と航空の保安を任務とし，この目標を達成するために航空運送事業に対する規制を政策手段として有していた．科学技術庁は後述するように行政組織間の調整を主たる任務とするが，その内部部局である振興局では民間における発明の奨励あるいは科学技術試験の助成を目的とする補助金の交付が行われていた［総理府編 1960：92-8］．さらに，原子力局では原子力研究助成のための補助金を交付し，原子力研究者や技術者の養成訓練を実施し，原子力施設の設備および運営に対する規制を制定していた［Ibid.：98-101］．文化庁は「文化の振興及び普及並びに文化財の保存及び活用を図るとともに，宗教に関する国の行政事務を行うこと」という任務を有する庁であり，国立の博物館，美術館，文化劇場といった公共財の提供に加えて，芸術創作活動の振興，地域における文化の振興といった政策目標を有していた［文化庁：122-26］．環境庁は主に調整庁としての性格を有するが，大気汚染防止，水質汚濁防止，農用地土壌汚染の防止，騒音対策，自然環境の保護のための規制を政策手段として有していた［環境庁20周年記念事業実行委員会編 1991：26-37］．消防庁は，国家公安委員会の外局であった国家消防本部が新設の自治省の外局になる形で設置された庁である．国家消防庁から消防庁へと改組されたが，両者の間では権限に大きな違いはないことが指摘されている［地方自治百年史編集委員会編 1993：11-2］．資源エネルギー庁は石炭，ガス，電力および金属鉱物などの多様な資源およびエネルギー産業に対する規制を政策手段として有する政策庁であった［加納 1974：45-81］．

この時期において設置された制度庁は自治庁の1つである．自治庁は1951年の政令改正諮問委員会の答申を受けて，地方自治庁，地方財政委員会および全国選挙管理委員会を統合する形で1952年に設置された［地方自治百年史編集委員会編 1993：418-22］．自治庁の責任は地方自治の組織および職員の制度に関する企画立案，地方財政制度の運営および選挙制度の管理といった広範な制度の管理に及んでいた．

この時期には，8つの調整庁が設置された．設置された調整庁は北海道開発

庁，経済審議庁，経済企画庁，科学技術庁，沖縄・北方対策庁，環境庁，沖縄開発庁および国土庁である．北海道開発庁は北海道開発計画の企画立案および各省庁による計画の実施に関する事務の調整に責任を有する庁であった［北海道開発庁50年史編纂委員会編 2000：21-2］．経済審議庁は「総合経済政策の立案，各省間の経済政策の調整，長期経済政策の立案，経済の現状分析と調査を主要な業務」とした庁であった［経済企画庁編 1997：58］．すなわち，政府における全体的かつ長期的な経済政策の策定およびその実現に向けた各省の調整を目的とする組織であった．経済企画庁は，経済審議庁における調整機能を強化する形で設置された．具体的には，経済企画庁の任務であった長期計画の「策定」を引き継ぐだけではなく，その「推進」も任務に追加された．さらに，関係行政機関の事務の総合調整を行うことも任務のなかに明記されることになった［Ibid.：62］．科学技術庁は科学技術に対する政府全体的な計画の企画と実施の推進，および関係行政機関の科学技術事務の調整を担う調整庁であった［科学技術広報財団編 2001：97-8］．沖縄・北方対策庁は日本への沖縄の返還が確実になったため，沖縄返還および北方領土問題に対する各省庁の施策を取りまとめる庁として設置された［沖縄開発庁編 1993：8-10］．環境庁は高度経済成長の負の側面として深刻化してきた環境問題に対する国民の関心の高まりを背景に，各省庁が個別的に立案および実施していた環境保全業務に対する政府の総合調整機能を高めるために設置された［環境庁20周年記念事業実行委員会編 1991：14-8］．沖縄の返還後，沖縄開発庁が設置され，沖縄振興開発計画の立案およびその実施における各省庁の総合調整を担うことになった［Ibid.：64-6］．国土庁は都市問題，土地問題および地域間の格差といった国土政策に対応するための全体的かつ長期的なさまざまな計画の策定および実施の推進に責任を有する調整庁であった［国土庁編 2000：67-71］．

　1950年から1979年までに設置された庁は，以上のように整理できる．それでは，この時期において設置された庁はどのような責任を共通して有していたのであろうか．

この時期の日本は，経済的および政治的な環境の変化に直面していた．経済的な変化とは，高度経済成長である．高度経済成長は日本の経済，産業および社会に多面的な影響を及ぼした．その影響のなかには肯定的な影響だけではなく否定的な影響も含まれる．他方で，再軍備，治安維持機能の見直し，沖縄返還といった外交の進展による政治的な環境の変化もあった．これらの経済的および政治的な環境の変化への対応が内閣の新しい責任となった．

　当時の内閣は，これらの責任を確保するために庁を設置してきた．すなわち，この時期に設置された庁に共通する責任の内容は，高度経済成長に伴う経済的な環境の変化への対応，および外交の進展による政治的な環境の変化への対応であった．

　第1に，高度経済成長への対応に庁が活用された．ここでいう対応には，高度経済成長の推進だけではなく，その弊害の抑制も含まれる．一方で，当時の政府は経済成長の実現を自らの目標に位置付けていたため，行政にはその促進に対する責任があった．他方で，高度経済成長によって発生あるいは深刻化した問題の解決に対しても内閣は責任を負うことになる．これらの責任を確保するために，いくつかの庁が設置されてきた．

　高度経済成長の促進を責任の一部として有していた庁として，経済企画庁および科学技術庁がある．経済企画庁は，経済審議庁を改組する形で1955年に設置された．経済企画庁には長期経済計画の策定および推進，政府の経済政策の企画立案および総合調整といった任務があった．高度経済成長において経済企画庁が果たした役割は大きい．また，科学技術庁も高度経済成長の推進に関する責任を分担した．科学技術庁は科学技術庁設置法第3条に規定されているように，「科学技術の振興を図り，国民経済の発展に寄与するため」に設置された．経済成長時の1955年に閣議決定された経済自立五ヵ年計画では，高度経済成長を実現するために科学技術振興政策が重視された．この時期に，政府の計画，国会の決議，経済界の意見において，経済成長を実現するための技術振興政策の確立あるいは科学技術行政機構の整備が提言されてきた［廣重 2003：152

-61］．こうした経済成長のための科学といった文脈のなかで，科学技術庁は設置されたのである．

他方で，高度経済成長の弊害の抑制に責任を有していた庁は，環境庁および国土庁である．環境庁は各省庁が担ってきた公害防止および自然環境の保護に関する活動を統合する形で1971年に設置された．環境行政が環境庁に一元化された背景には，高度経済成長期における環境破壊の進行，およびそれに伴う公害の深刻化があった［環境庁20周年記念事業実行委員会編 1991：4-10］．国土庁は「国土の適正な利用」のための計画の策定あるいは総合調整に責任を有する庁として1972年に設置された．この「国土の適正な利用」という文言には，高度経済成長に伴って人口と産業が大都市に集中することによる都市と地方との格差，土地問題および過密過疎問題の是正が含まれていた［国土庁編 2000：67-71：73-9］．

第2に，政治的な環境の変化に対しても庁が設置されてきた．政治的な環境の変化とは，占領政策の終了あるいは外交の進展に伴う3つの出来事によってもたらされた．まず，1950年代におけるサンフランシスコ講和条約締結後に再軍備の流れがあった．また，逆コースを契機とした行政の治安維持機能の見直しがあった．そして，1972年にアメリカとの交渉によって沖縄返還が実現された．これらの国際関係の変化および外交の進展に伴う変化に対応する責任の一部は庁によって確保された．

まず，防衛に関する庁の設置があった．サンフランシスコ講和条約の発効に伴い，保安隊と海上保安庁を併合する目的の下で，保安庁が1952年に設置された．保安庁は1954年に防衛庁へと改組された．これに伴って，防衛組織も保安隊が陸上自衛隊に，警備隊が海上自衛隊に改組された．くわえて，航空自衛隊が新設されることになった．他方で，占領軍のための調達事務を担当する特別調達庁が講和条約の調印後に，駐留米軍の調達を担う調達庁へと改称された．さらに，自衛隊の調達事務を担ってきた防衛庁建設本部と調達庁が合併する形で，1962年に防衛施設庁となった．このように，日本の防衛政策上の環境の変

化に対応するために庁が設置あるいは改組されてきた．

　つぎに，治安維持のための庁の設置がある．占領政策の終了に伴って，逆コースと呼ばれる行政が担ってきた治安維持機能の修正があった．この流れのなかで，公安調査庁および警察庁が設置された．公安調査庁は，破壊活動防止法の適用を担う事業庁として1952年に設置された．警察庁は1954年に設置された[15]．警察庁の設置によって，旧警察法における国家地方警察および市町村警察が都道府県警察へと一本化され，警察事務の中央政府への集権化がすすめられた[広中 1968：130-33]．このように，占領政策の終了を契機とした治安維持体制の再整備に庁が活用された．

　最後に，アメリカとの外交の進展による沖縄返還に対応するために庁が設置されてきたことを指摘する．まず，佐藤・ニクソン会談によって将来的な沖縄の返還が現実的になった1970年に，総理府の特別地域連絡局が拡充される形で沖縄・北方対策庁が設置された．沖縄・北方対策庁では将来的な沖縄の日本復帰を見据えた関係行政事務の総合調整を進めることが任務とされた．そして，1972年5月15日に沖縄が日本に返還されると同時に，沖縄・北方対策庁が廃止され，沖縄開発庁が設置された．沖縄開発庁は沖縄振興開発計画の策定，沖縄に関する事務の総合調整，および地方支分部局である沖縄総合事務局を通じた国の行政事務の一元化を担った．

　なお，この時期においても行政基盤の確立のために庁が設置された．すなわち，1945年から1949年までと同様に，公共性の高い事業を実施する行政組織の整備が進められてきた．上述の治安維持および再軍備のために設置された庁も，こうした行政基盤の整備の流れのなかに含まれるであろう．しかし，それ以外にも出入国管理庁，入国管理庁，気象庁および社会保険庁といった事業庁が設置されたことが確認できる．出国と入国の管理，気象，地震，水象の予報と警報，年金制度の適正な運営は高い公共性を有する事業である．そのため，内閣はこれらの責任に対応するために，事業庁を設置した．

　このように，1950年から1979年までに設置された庁に共通する責任として，

高度経済成長および外交の進展に伴う変化への対応があった．経済的な変化である高度経済成長は，その推進および弊害の抑制に対する内閣の責任を発生させた．つぎに，防衛政策，治安維持対策，沖縄返還といった外交を起点とする政治的な環境の変化への対応も内閣の責任となった．他方で，前の時期と同様に，この時期においても庁の設置を通じた行政基盤の確立が推進されてきた．

（3）1980-2001年——ガバナンスの再編

ここでは，1980年から2001年までの時期に設置された庁に共通する責任の内容を特定する．この時期は，ほかの時期に比べて設置された庁が少ない．そのなかで設置された庁は，既存のガバナンスを再編する責任を共有していた．こうしたガバナンス再編の流れは，行政改革会議による中央省庁再編に結実する．以下では，1980年から2001年までの期間に設置された庁に共通する責任がガバナンスの再編にあったことを明確にしていく．

この時期に設置された庁は，4つである．すなわち，総務庁，金融監督庁，金融庁および郵政事業庁である．この研究が区分した4つの時期のなかでも，1980年から2001年までに設置された庁の数が最も少ない．この理由は，1945年から1979年まで続いた庁の設置を通じた行政基盤の確立が1980年代には既に一定の水準に到達したという理由が考えられる．また，第二臨調の答申に表れているように，この時期から行政組織の拡充よりも削減を試みる行政改革が本格的に実行に移され始めたことも原因であろう．

庁の設置の経緯とその類型は，以下のとおりである．

まず，総務庁は第二臨調の答申に基づいて設置された．総務庁は総合調整機能に関する事務，他の行政機関の所掌に属しない事務，および監察，恩給，統計に関する事務といった多様な所掌事務を有していた．『総務庁史』では，これらの事務が①国家公務員等の人事行政に関する総合調整，②行政機関の機構，定員および運営といった行政組織制度の総合調整，③監察および行政相談，④恩給に関する事務，⑤統計の実施と総合調整に関する事務，⑥交通安

全対策，老人対策，青少年対策等の総合調整に関する事務に大別されている［総務庁史編集委員会編 2001：10-1］．①および②は行政を横断する制度の管理に関する事務であるため，制度庁の事務である．③は行政管理庁から引き継いだ事業庁としての事務である．④は恩給の裁定，支給，不服審査，受給権調査といった作業に分類される［*Ibid.*：337-42］．これらの作業から，恩給に関する事務は事業庁的な性格が強い．⑤には，基幹的な統計の実施といった事業庁の事務および国の統計制度に関する総合調整といった制度庁としての事務が含まれている．⑥は調整庁としての事務である．このように，総務庁は多様な責任の内容を含む総合的な庁であった．

金融監督庁は橋本龍太郎内閣によって閣議決定された行政改革プログラムの方針に基づいて設置された．金融監督庁は，大蔵省が担っていた民間金融機関等に対する検査および監督を担うことになった事業庁であった．権限として，民間の金融機関に対する，業務改善命令，業務停止命令，免許の取消し，合併等の認可が付与されていた［金融監督庁編 2000：3］．実施担当組織として，金融監督庁の内部部局である検査部および監督部があった．また，大蔵省の地方支分部局であった地方財務局に所属する検査官も金融監督庁の事業の実施の一部を補助していた．

金融庁は行革会議による中央省庁改革をうけて金融監督庁と大蔵省金融企画局を統合する形で内閣府に設置された．金融庁は事業庁および政策庁としての性格を有する．上述のように，金融監督庁は事業庁であった．他方で，金融企画局は金融制度の企画立案に責任を有する政策庁であった．2つの組織が統合された金融庁は，金融制度の企画立案から，その制度を維持するための検査および監督までをも担う金融制度に関する一元的な庁になった．

郵政事業庁は中央省庁等改革によって総務省の外局として設置された．郵政事業庁は事業庁に分類される．具体的には，郵政事業庁は郵便事業，郵便貯金事業，郵便為替事業，郵便振替事業，および簡易生命保険事業といった旧郵政省が担っていた事業の実施に責任を負っていた．なお，郵政事業庁は暫定的な

庁であり，行革会議の最終答申において5年後に郵政公社に移行する方針が決められていた．実際に，郵政事業庁は2003年に郵政公社に改組された．

　1980年から2001年までに設置された庁は，以上のように整理される．以降は，これらの庁に共通する責任を考察する．

　この時期には，行政組織による政策過程への関与の在り方が問題視されていた．日本の行政組織は戦前から政策過程のあらゆる局面に大きく関与してきた．こうした関与の在り方がいくつかの観点から問題視されるようになった．たとえば，1980年代以降に財政状況が厳しくなるなかで，縦割り行政あるいは政策の失敗といった行政の非能率に対する批判が強まった．また，行政組織が監督する業界と癒着することによって生じる贈収賄といった公務員の不祥事あるいは行政組織の構造的汚職が問題となった．このように，1980年代から2001年までの時期には，従来的な行政組織の活動に対する批判が寄せられていた．

　この時期における行政による非能率性あるいは政策の失敗に対する批判に対処するために，内閣はガバナンスの再編に取り組んできた．実際に，第3章で見たように，1980年代から1990年代末には，日本では大規模な行政改革が実行されてきた．たとえば，第二臨調は1980年代に総合調整の必要性から行政機構の再編成を提言している．さらに，行革会議は1990年代末に縦割り行政の弊害，行政の専門性向上，あるいは行政の不祥事の解消のために中央省庁再編等の包括的な改革を提言した．

　こうしたガバナンスの再編に対する責任を確保するために，庁の設置が活用されてきた．具体的には，縦割り行政を克服するための総合調整機能の強化，あるいは専門性を向上させるための行政組織の分離を遂行するために庁が設置されてきた．

　まず，総務庁が総合調整機能の向上を通じたガバナンスの再編を意図して設置された．総務庁の設置の背景には，第二臨調の答申がある．第二臨調は縦割り行政による行政の非能率性を克服し，政策の有効性を向上させるために，内閣の総合調整機能の強化を志向した．そのため，第二臨調では「内閣官房の充

実強化」「内閣総理大臣官邸機能の強化」「計画による総合調整機能の強化」といった多様な提言が出された［牧原 2009：96-9］．そのなかの「総合管理庁」の構想をうけて設置された行政組織が総務庁であった［総務庁史編集委員会編 2001：3-12］．総務庁には行政の総合調整を担うことによって，既存の行政組織による政策実施の非能率性を克服することが期待されていた．

　つぎに，金融監督庁および金融庁の設置は，既存の行政組織の分離を通じたガバナンスの再編を意図していた．これらの庁の設置の背景には，大蔵省による金融行政の失敗および接待汚職があった．具体的には，バブル経済崩壊後に大蔵省は不良債権を累積させる金融機関に適切な指導をせず，金融機関から接待を受けて検査に関する内部情報を提供するという接待汚職を行っていた．これらの失敗および不祥事をうけて，大蔵省から金融機関等に対する検査および監督の機能を分離する形で，金融監督庁が設置された．そして，2001年には，金融監督庁を改組する形で金融庁が設置された．このように，金融監督庁および金融庁の設置は，従来的な金融行政におけるガバナンスを変更するための措置であった．

　他方で，この時期には中央省庁再編といった行政改革もあった．中央省庁再編は，行革会議によって提言された行政機構改革である．行革会議による中央省庁再編の提言は，1府22省庁の行政組織を1府12省庁に大くくりにする改革につながった．第3章で明確にしたように，行革会議における議論の背景には，当時の金融行政の失敗あるいは薬害エイズ問題といった行政の失敗に伴う国民の行政への信頼の低下に対する問題意識があった．中央省庁再編は，こうした「制度疲労」に陥った行政を再構築するための政策として実施された．

　行革会議の提言に基づく中央省庁再編も，ガバナンス再編の流れのなかに含まれる．上述のように，既存の行政組織による政策過程への関与の在り方を見直すことがガバナンスの再編である．中央省庁再編は，1960年の自治庁の自治省への昇格から変動しなかった府省体制および所掌事務を見直す大規模な行政改革であった．この改革は行政組織の編成を根本的に変えた点において，それ

ぞれの行政組織による政策過程への関与の在り方をも変動させた．その意味において，中央省庁再編はまさに1980年から続くガバナンス再編の集大成であった．実際に，金融庁および郵政事業庁も中央省庁再編によって設置されている．

以上，1980年から2001年までに設置された庁には，ガバナンスの再編といった共通の責任があった．具体的には，総務庁は総合調整機能による縦割り行政の克服のために設置された．そして，金融庁および金融監督庁は伝統的な金融行政における行政と銀行との関係の整理および組織の分離に基づく専門性の確保のために，設置された．こうした流れのなかに，1960年以降，変動してこなかった府省体制を大括り再編成した行革会議による中央省庁再編がある．

（4）2002-2019年——新規政策課題への対応

ここでは，2002年から2019年10月までに設置された庁に共通する責任を概観する．1980年から2001年までの期間と同様に，この時期においても庁の設置数は少ない．さらに，後述するように，庁に共通する責任の特定は難しい．しかし，設置された庁のほとんどが政策庁であった点から，庁の設置を通じて個別具体的な政策課題への対応がなされてきたことを確認できる．

この時期に設置された庁という名称を有する行政組織の数は，6つである．これらのなかで，内閣府設置法第49条第1項および国家行政組織法第3条第2項に基づいて設置された庁は観光庁，消費者庁，スポーツ庁，防衛装備庁，出入国在留管理庁である．復興庁および原子力規制庁は庁という名称を有するが，内閣府設置法第49条第1項および国家行政組織法第3条第2項に基づいて設置されていない．復興庁は復興庁設置法第2条および第3条に規定されるように，東日本大震災からの復興に関する内閣の事務を内閣官房とともに助けるために内閣に置かれる．復興庁は内閣に直接置かれるため，国家行政組織法および内閣府設置法の適用を受けない．原子力規制委員会設置法第27条では原子力規制委員会の事務局を原子力規制庁とし，その事務局の長の名称を原子力規制庁長官としている．すなわち，原子力規制庁は実質的には原子力規制委員会の事務

局である．復興庁は行政組織として自律的に行政活動を展開する行政組織であるが，原子力規制庁は原子力規制委員会の内部事務を管理する組織である．復興庁の活動を把握し，分類することには一定の意義があるが，原子力規制庁を単体で考察する意義は乏しい．したがって，ここでは復興庁を対象にするが，原子力規制庁は対象にしない．[16]

　これらの庁の設置の経緯と類型を簡潔に整理すると，以下のようになる．

　観光庁は，観光行政に明確な責任を有する行政組織を設立するという目的のもとで設置された政策庁である．観光庁の政策目標は「観光立国の実現」にある．観光庁は，自らの政策目標を実現するために，地方自治体，宿泊事業者，観光施設といった政策対象に対して，補助金，規制，広報・PR・教育といった多様な政策手段を実施している．これらの政策目標および政策手段は，「観光庁アクションプラン」として年度ごとにまとめられている．

　消費者庁は，それぞれの省庁によって個別的に実施されていた消費者行政を集約する組織として設置された．消費者庁は調整庁と政策庁としての性格を有する．まず，消費者庁は厚生労働省，農林水産省，経済産業省といった省庁によって個別的に進められる消費者行政を総合調整するための調整庁としての任務を有する．つぎに，政策庁として，消費者を政策対象に，地方自治体に置かれる消費生活センターを通じた支援，消費者事故に対する広報あるいは教育といった政策手段を実施している．他方で，事業者を対象に，消費者庁自身による改善命令や教育を実施するだけではなく，各省庁に事業者への処分の措置要求も行っている［内閣官房消費者行政一元化準備室 2009：38-40］．

　復興庁は東日本大震災からの復興行政の司令塔として設置された．復興庁は調整庁と政策庁としての性格を有する．上述のように，復興庁は内閣に直属し，内閣官房とともに，他の省庁よりも「一段上」の立場から復興政策の司令塔として東日本大震災復興に関する事務を助ける任務がある［伊藤 2015：102-04］．この任務に総合調整に関する事務が含まれる．したがって，復興庁は調整庁である．他方で，政策庁として，復興庁は復興政策の企画立案だけではなく，被

災者および被災自治体が復興を迅速に進めるための復興交付金あるいは復興特区制度といった政策手段をもつ．

スポーツ庁はスポーツに対する社会的な関心の高まりをうけて設置された政策庁である．具体的には，2020年の東京オリンピックと2019年のラグビーワールドカップといった大規模な競技大会の開催決定，およびスポーツによる健康の増進に対する関心の高まりを設置の契機としている．スポーツ庁は，スポーツに関わる地方自治体，事業者，NPO，国民といった政策対象に，スポーツ振興のための補助金あるいは広報・教育・PRといった政策手段を展開する．

防衛装備庁は，防衛装備移転三原則の閣議決定といった装備行政を取り巻く環境の変化をうけて設置された［田村・外園・吉田ほか編 2016：119-20］．防衛装備庁は事業庁および政策庁である［*Ibid.*：122］．まず，事業庁として，防衛装備庁は航空装備研究所，陸上装備研究所，艦艇装備研究所，電子装備研究所，先進技術推進センターといった研究所を通じて防衛装備研究の推進を担っている．つぎに，防衛装備政策に関する企画立案を担当するだけではなく，防衛装備・技術の維持および向上のために，民間企業，大学，研究機関を対象に，防衛装備研究の振興のための補助金の交付といった政策手段を有している．

出入国在留管理庁は2018年における内閣の外国人労働者受け入れ拡大に関する決定を受けて設置された．出入国在留管理庁は，事業庁および政策庁に位置づけられる．事業庁として，出入国在留管理庁は法務省入国管理局の入国管理業務を引き継ぎ，実施担当組織である出入国在留管理局および入国管理センターを有している．さらに，政策庁として，政策立案に関する任務も有している．具体的には，日本国民と外国人の共生および外国人の生活の質の向上のための施策を形成する任務が与えられた．

2002年から2019年10月までに設置された庁は以上のように整理される．この時期に設置された複数の庁はどのような責任を共有していたのかを考察する．

これまで考察してきたほかの時期に比べて，2002年以降に設置された複数の庁に共通する責任の内容を特定することは困難である．理由として，終戦と新

憲法の制定，高度経済成長および外交の進展による政治的な変化，ガバナンス再編の必要性に対する認識の普及といった複数の庁の設置を促してきた出来事あるいは考え方が見当たらないことがある．確かに，2011年の東日本大震災は重大な出来事であり，行政組織の在り方に大きな変化をもたらした．しかし，庁の編成に関しては，その影響は復興庁の設置にとどまっている．

他方で，2002年以降に設置されたすべての庁には政策庁としての特徴を有しているという共通点がある．この時期に設置された庁は観光庁，消費者庁，復興庁，原子力規制庁，スポーツ庁，防衛装備庁，出入国在留管理庁である．これらの庁は原子力規制庁を除けば，すべて政策庁である．すなわち，2003年以降に設置された庁には，その責任の内容に共通性を発見することは困難であるが，政策庁である点に共通性がある．

以上から，2002年から2019年10月に設置された庁には個別具体的な政策課題への対応という共通した責任があったことを確認できる．より具体的には，この時期における内閣はさまざまな政策領域における個別具体的な政策目標の実現を庁の設置を通じて確保してきたのである．

さらに，この時期における庁の設置を通じた政策課題への対応には，能動的な対応という特徴がある．以下では受動的な対応と能動的な対応を区別し，能動的な対応に位置付けられる庁を概観する．

受動的な対応とは，社会において発生した問題に対処するために行政組織を設置することを意味する．社会における重大な問題の発生が先にあり，その問題に対処するために行政組織が設置されるという順序をとる．これまで見てきた日本における庁のほとんどが，この対応に基づいて設置された．具体的には，終戦による混乱，経済的および政治的な環境の変化，行政の非能率性や行政の失敗に対する国民の不満の増大といった問題が行政の外部で発生し，そうした問題への対応のために庁が設置されてきた．

他方で，能動的な対応とは政府が定めた積極的な目標を実現するために行政組織を設置する対応を意味する．上述の受動的な対応とは異なり，社会におい

て問題が先に存在するわけではない．すなわち，能動的な対応には国会や政府が新たな理想像あるいは価値観を掲げ，それらを具体化した政策目標を設定し，庁を設置するといった積極性が含まれる．2002年以降の観光庁，スポーツ庁，防衛装備庁，出入国在留管理庁の設置は，こうした能動的な対応である．

　観光庁は自民党が提示した観光立国を実現するための庁として設置された．2002年の小泉純一郎元総理による観光立国宣言以来，観光政策は自民党政権下の重要課題となった．この観光立国を実現するために，2006年に観光立国推進基本法が成立し，2007年に観光立国推進基本計画が制定された．観光庁はこれらの政策を実現するために観光に関する各省庁の事務を一元化した庁として，2008年に設置された．また，自民党の内部では観光立国推進基本法が制定される前から，観光庁の設置が要求されていたとの指摘もある［盛山 2012：130］．このように，観光庁の設置は自民党政権が掲げた観光立国という目標を実現するための能動的な対応であった．

　スポーツ庁の設置も能動的な対応であった．スポーツ庁の設置の議論は，2020年のオリンピック・パラリンピックの東京への招致決定後に本格的に進められた．この誘致の過程において官邸が主導的な役割を果たした．くわえて，実際に，スポーツ行政を一元的に担当するスポーツ省（庁）の設置を求める議論は，オリンピック・パラリンピックの招致の活動が進められる前から，自民党の内部で存在していた［中村 2015：49-50］．さらに，オリンピック・パラリンピックの招致決定後に，超党派のスポーツ議員連盟が結成され，スポーツ庁の設置が提言された．このような経緯を踏まえると，スポーツ庁の設置は官邸および国会が掲げた目標を実現する能動的な対応であった．

　防衛装備庁の設置の背景には，2013年の安倍晋三内閣における防衛装備移転三原則の閣議決定があった．この閣議決定により，企業による防衛装備品の輸出に関する規制および日本の諸外国との防衛装備品の共同開発に関する規制が緩和されることになった．こうした内閣による新しい防衛装備政策の管理に対する責任を担う行政組織として，防衛装備庁は設置されたのである．

出入国在留管理庁は，安倍内閣による新しい出入国管理政策に伴って設置された．出入国管理及び難民認定法が改正され，特定技能1号および特定技能2号といった新しい在留資格の区分が創設された．法改正によって，日本で生活する外国人労働者の数が急増することが見込まれるため，入国管理事務の拡充および外国人労働者の生活の質の改善が政策課題になった．こうした政権の政策転換に伴って生じる課題に責任を負う行政組織として，法務省入国管理局が格上げされる形で出入国在留管理庁が設置された．

　以上，2002年から2019年10月までに設置された庁に共通する責任は，個別具体的な政策課題への対応であった．この時期はほかの時期に比べて，複数の庁の設置を規定するような重大な出来事がなかった．したがって，複数の庁の設置に共通する責任の特定は困難であった．しかし，設置された庁のほとんどが政策庁であった事実から，個別具体的な政策課題への対応が共通する責任であることを指摘した．さらに，近年では政府の掲げた積極的な目標を実現するための手段として庁が設置されていることを確認した．

（5）行政責任論から見た日本における庁の設置の特徴

　以上，戦後から現在までに設置されてきた庁の責任の内容を検討してきた．第6章全体の到達点を確認する前に，第3節における作業の意義を再確認しておきたい．

　第1の作業として，戦後から現在までをいくつかの時期に区分し，それぞれの時期ごとに設置された複数の庁に共通する責任の内容を明確にした．この作業を通じて，いくつかの点が明確になった．

　まず，内閣は庁の設置を通じて社会の変動から生じる問題に対する責任を確保してきたことが具体的になった．実際に，日本の社会における変動が大きい時期ほど，多くの庁が設置されてきた．1945年から1949年までには終戦，国家行政組織法に基づく新たな行政組織制度の創設，1950年から1979年には高度経済成長，防衛をめぐる環境の変化，沖縄返還といった日本の統治構造および社

会経済環境における根本的な変化があった．本節では内閣がこれらの大規模な変動に対応するために，1945年から1979年までに多くの庁を設置してきた経緯を確認した．反対に，日本における根本的な変動も少なくなり，行政組織の編成が安定化することで，行政が社会における変動をある程度吸収できるようになった1980年代以降には庁の設置数は少なくなっていく．

つぎに，内閣は庁の設置を通じて特定の問題に対する暫定的な責任を確保してきたことがわかる．第5章において，庁の任務および所掌事務は府，省あるいは委員会と比較して具体的に規定されていることを指摘した．さらに，その責任が明確であるため，庁が責任を果たしたか否かは評価しやすく，存続改廃の議論が容易であることを指摘した．本節で概観したとおり，日本ではその時どきの個別具体的な問題に対応するために，内部部局の庁への昇格，複数の内部部局を併合した庁の設置が繰り返されてきた．他方で，表6-2を見れば分かるように，責任を果たしたといえる庁は，廃止あるいは内部部局への降格の対象になった．このような特徴から，内閣にとって庁の設置は個別具体的な問題に対する暫定的な責任を確保する手段であったといえる．

第1の作業を通じて，行政の任務の変動と行政組織の設置の関係を先行研究よりも具体的かつ説得的に説明できた．第5章において，片岡寛光および後房雄による先行研究を紹介した．これらの研究では鳥瞰的な観点から，行政の任務の変動と行政組織の設置の関係が記述されている．本節における考察の対象は，個別具体的な日本の庁である．さらに，考察の範囲は戦後から現在までに設置されてきた多くの庁であった．したがって，従来の先行研究よりも具体的かつ豊富な事例に基づく研究成果を産出できた．

第2の作業として，日本の庁を事業庁，政策庁，調整庁および制度庁に分類し，それぞれの庁が果たしてきた責任の内容を整理した．

分類の結果，事業庁に分類される庁の設置数が多いことがわかった．表6-2に掲載された63の庁のうち，38の庁が事業庁としての性格を有する．1945年から1949年には，戦後処理および行政基盤の再整備のために多くの事業庁が設

置されてきた．こうした事業庁の設置は1950年から1979年までの期間においても進められてきた．しかし，1980年代以降は庁の設置数自体が少なくなるとともに，事業庁の設置数も少なくなった．この理由の1つとして，第二臨調をはじめとする削減型行政改革の流行，独立行政法人といった代替的な組織形態の台頭といった要因が考えられる．すなわち，事業庁の設置という手段がとられなくなった原因として，第3章で明確にしたような日本における行政責任観の変化がある．

　また，それぞれの時代ごとに内閣に課せられた責任の内容に応じて，それに応えるために設置された庁の類型にも一定のまとまりが見られた．1945年から1949年までの戦後処理および行政基盤の再整備のために設置された庁のほとんどは事業庁であった．1950年から1979年までの高度経済成長および外交の進展への対応のために設置された庁の多くは調整庁であった．さらに，2002年から2019年10月までに設置された庁のほとんどは政策庁としての性格を有している．このように，時代ごとに内閣に課せられた責任の内容と設置された庁の類型には一定の関係が存在するように見える．そもそも，2つの間には本当に関係が存在するといえるのか．関係があるならば，その関係はどのように整理できるのか．これらの問いが今後の研究課題になる．

　この作業には行政組織に関する新たな類型を構築し，それを用いた分類を実践したという成果がある．上述のように，事業庁，政策庁，調整庁および制度庁の類型は，行政の研究あるいは実務において言及されてきた事業官庁，政策官庁，調整官庁および制度官庁といった用語に基づいている．しかし，これらの用語には共通の意味および明確な定義はなかった．この研究ではこれらの用語を庁に限定する形で定義し，類型の枠組みにした．そして，本節では日本で設置されてきた庁をそれらの類型に基づいて分類した．その結果として，行政責任論の観点から，行政組織研究に新たな知見を加えられたと考えている．

　しかし，この作業には課題がある．類型作業の目標は，あくまでも多数の庁を分類することによる傾向の発見にあった．そのため，それぞれの庁の主要な

任務および所掌事務といった基本的な特徴から，戦後から現在までに設置されてきた多数の庁の責任の内容を概括的に分類した．より正確かつ詳細な類型を行うには，任務および所掌事務といった特徴以外の観点から，それぞれの庁の情報を収集する必要がある．

おわりに

以上，本章では内閣が庁の設置を通じてどのような責任を確保してきたのかを考察した．それぞれの節において以下のような検討を行ってきた．

第1節では，庁の定義および庁を事例にする理由の説明を行った．この章では庁を事例に選択した．そのため，庁とはどのような形態の行政組織なのか，なぜ庁を事例として選択したのかを最初に説明する必要があった．まず，行政組織法および行政学の観点から，庁を定義した．つぎに，研究の目的から，府，省，委員会および内部部局ではなく，庁を事例にすることが望ましい理由を説明した．

第2節では，この研究がリサーチ・クエスチョンに対する答えを導出するために，どのような考察の枠組みを用いるのかを提示した．第1に，1945年から2019年10月までを4つの時期に区分し，それぞれの時代において設置された庁に共通する責任の内容を抽出する枠組みを明確にした．第2に，事業庁，政策庁，調整庁および制度庁といった類型から庁の責任の内容を分類する枠組みを説明した．

第3節では，前節で明確にした枠組みから内閣が庁の設置を通じてどのような責任を確保してきたのかを明確にした．1945年から1949年までには，戦後処理および行政基盤の整備が多くの庁に共通する責任であった．1950年から1979年には，高度経済成長といった経済的な環境の変化，外交の進展による政治的な環境の変化に対応する責任を確保するために庁が設置された．1980年から2001年までに設置された庁は，ガバナンスの再編に対する責任が共通して課せ

られていた．最後に，2002年から2019年10月の期間に設置された庁は個別具体的な政策課題への対応のために設置されてきたと整理できる．

　この研究には2つの意義と3つの課題がある．第3節における到達点は既に明確にしたので，ここでは章全体の到達点と課題を確認する．具体的には，研究が採用した枠組みを批判的に再検討しておきたい．

　第1に，行政組織の設置を対象とした事例研究の実践としての意義がある．本書では，第3章および第4章において行政改革を対象とした事例研究を実施した．しかし，第5章において明確にしたように，行政責任論における事例研究のアプローチを確立するためには総体的な行政改革だけではなく，個別具体的な行政活動を対象とした事例研究を実施する必要がある．ここでは前章における問題意識を引き継いで，行政組織の設置を対象とした事例研究を実施した．その結果，総合的な行政改革を対象とした事例研究よりも，統一的で一貫した研究が実施できたと考えている．

　第2に，責任の内容を視点に採用した意義がある．行政責任論の先行研究では，責任の内容よりも責任確保の方法が論じられてきた．具体的には，レスポンシビリティおよびアカウンタビリティに対する考察を中心とする理論研究への偏重があった．第3章および第4章における行政改革を対象にした事例研究でも，責任確保の方法に着目した．他方で，この章では責任の内容を視点として事例研究を実施した．この視点に基づいて，戦後から現在までに設置された庁を考察することで，特定の時代ごとの日本の行政に課せられた責任の内容を明確にし，庁が確保してきた責任の内容を類型することが可能になった．

　しかし，この章には3つの課題がある．

　第1に，1945年から2019年10月までという広い範囲を対象に庁が確保してきた責任の内容を概観したことから生じる限界がある．広い範囲を概観したことで，内閣が庁の設置を通じて確保してきた責任の内容の変遷，時代ごとの共通点と相違点が鳥瞰的に把握できた．しかし，概括的な視点を採用することで，それぞれの時代ごとに設置されてきた庁の責任の内容を詳細に把握できなかっ

た点に限界がある．この限界を克服するためには，特定の時代ごとに設置された庁に共通する責任の内容をより詳細に研究していく必要がある．

　第2に，庁という特定の形態の行政組織のみを事例にしたことから生じる限界がある．この研究では府，省，委員会および内部部局ではなく，庁を事例にした．庁は1945年から2019年10月まで定期的に存続改廃を繰り返しており，この研究の目的および方法において望ましい事例であった．しかし，社会的な問題およびそれに対する行政の責任の確保は，庁以外の行政組織によっても担われている．したがって，この研究においては，内閣が行政組織の設置を通じて確保してきた責任のすべてを把握できていない．この限界を克服するためには，府，省，委員会の確保してきた責任の内容の考察，特定の内部部局が確保してきた責任の内容の変遷を把握していく必要がある．

　第3に，庁の設置過程を検討できなかった点に課題がある．それぞれの庁の責任の内容をより詳細に特定するためには，庁の設置過程を検討する必要がある．検討を通じて，特定の庁の設置において国会，行政，利益集団といった多様な主体が，設置される庁に対してどのような価値の実現を期待したのかが明らかになる．こうした期待も，庁の責任の内容を把握する際に必要な情報である．また，それぞれの主体が庁の設置過程においてどのような役割を果たすのかに関する一般的な知見も今後の研究には必要になると考えられるが，こうした知見は具体的な庁の設置過程に関する研究成果を蓄積することによって得られる．

注
1）　正確には，国家行政組織法第3条第2項では省，庁および委員会は行政組織のために置かれる国の行政機関であると定義されている．行政機関とは「国・地方公共団体等の行政主体の手足となって行動する単位」である［宇賀 2019：25-26］．ここでは府，省，庁，委員会および内部部局を指すときに，行政機関ではなく，行政組織という語を用いる．本書では，行政活動の単位となるこれらの組織を総称する語として行政組織を使ってきた．そのため，本章においても前章までの用語法と平仄を合わせるため

に行政組織という語を用いる．
2） なお，府は中央省庁再編に伴って設置の形式が変更された．中央省庁再編前に存在していた総理府は国家行政組織法第3条第2項の規定に基づいて設置されていた．しかし，中央省庁再編によって設置された内閣府は国家行政組織法ではなく内閣府設置法によって設置されることになった．これは，内閣総理大臣を補佐する内閣府がほかの省，庁，委員会よりも上位に位置することを制度的に明確にするための措置である［曽我 2013：64］．この章では日本の行政組織として，府，省，庁および委員会を同列に論じる場合もあるが，設置の形式に関しては違いが存在する点をここで確認しておく．
3） 国家行政組織法の制定直後にはその設置が法律に基づいていない庁が存在していた．たとえば，後掲の表6-2にあるように，ポツダム命令によって設置された出入国管理庁および入国管理庁がある．
4） たとえば，内閣府に置かれる金融庁および消費者庁は独立した設置法に基づいて設置されている（金融庁設置法，消費者庁及び消費者委員会設置法）．また，国家行政組織法第3条第2項に基づく現存する庁のうち，中小企業庁（中小企業庁設置法），公安調査庁（公安調査庁設置法）が独立した設置法に基づいて設置されている．他方で，国税庁（財務省設置法），文化庁およびスポーツ庁（文部科学省設置法），気象庁および観光庁（国土交通省設置法），林野庁および水産庁（農林水産省設置法），特許庁および資源エネルギー庁（経済産業省設置法）が所属する省の設置法に基づいて設置されている．なお，消防庁は総務省設置法によって総務省の外局であると規定されるが，その組織構造の大枠は消防組織法によって決定されている．
5） 表6-2を見て分かるように，戦後から現在までに62の庁が設置されている．一般的に，事例研究で取り上げられる事例数は10〜20程度であると指摘されている［Brady and Collier 2010：邦訳370］．この指摘を考慮すると，本章の研究は通常の事例研究から逸脱していると批判されるおそれがある．しかし，上記の指摘をした研究者もその数はあくまでも目安であると認めている．さらに，本章では第2章における事例研究の定義を踏まえ，庁の設立の歴史の事例を対象に，庁が確保してきた責任の内容といった定性的な側面を検討している．したがって，本章の研究は事例研究に位置づけられると考えている．
6） 庁は，多様な形式を通じて設置される．たとえば，ある一つの内部部局がそのまま昇格する形で，庁が設置されることがある．また，特定の政策を所管する複数の内部部局が併合される形で，庁になる場合もあろう．本章では多様な形式が存在することに留意しつつ，それらを庁の設置という言葉で総称する．
7） たとえば，金井利之が自治制度を研究する際に，事業官庁，政策官庁，制度官庁に言及している［金井 2007：3-5］．

8) なお，この研究においては1つの行政組織が複数の主要な行政活動に責任を有する場合には，その行政組織を複数の類型に分類する．
9) 事業庁および後述の政策庁の概念構築および分類において，行革会議の最終報告書を一部，参照にしている．行革会議の最終報告書では，政策庁および実施庁の概念が説明され，中央省庁再編により設置される庁が，それぞれ政策庁と実施庁のいずれに該当するのかが分類されている［行政改革会議事務局 OB 会 1998：72-4］．なお，最終報告書における実施庁は，ここでいう事業庁に対応している．
10) 事業庁のなかには，自らの所掌事務に関する企画立案を行う庁もある．具体例として，海上保安庁または特許庁があげられる．しかし，事業庁による企画立案はあくまでも，自らの主要な責任である個別具体的な事業の実施に必要な措置の企画立案であるため，政策庁による政策の企画立案とは異なる点に留意する必要がある．
11) なお，出入国在留管理庁，林野庁および防衛装備庁は，事業庁にも位置づけられているように，自らの政策を実施するための組織を有している．
12) 政策庁自らが政策手段を政策対象に適用する場合もあるが，政策庁が政策手段の適用に関する権限を所属する省の地方支分部局または地方自治体等に委譲する場合もある．
13) このなかで，復員庁，物価庁，検察庁，総理庁，法務庁および宮内庁が特別の機関である．ただし，1945年から1949年における日本の社会状況と行政との関係を整理するにあたって，復員庁と物価庁を取り上げたほうが望ましいため，2つの庁を事業庁に分類し，本文のなかで考察する．

　残りの庁を分類するならば，以下のようになる．検察庁は検察官の事務を統括する事業庁であった．また，宮内庁も宮内庁法において「皇室関係の国家事務及び政令で定める天皇の国事に関する行為に係る事務を掌り，御璽国璽を保管する」ことが任務であると規定されているように事業庁としての性格を有する．総理庁と法務庁は実質的には府省レベルだった組織に庁という名称が使われていた点で特殊性があった．総理庁は内閣官房，統計局，恩給局を内部部局として有していた．さらに，総理庁官制以外の法令で設置が規定されていた「外局の組織」として戦災復興院，復員庁，俘虜情報局，経済安定本部，物価庁，行政調査部，新聞出版用紙割当事務局，統計委員会，中央公職適否審査委員会，交通事業調整審議会，教育刷新委員会，地方制度調査会等があった［総理府史編纂委員会編 2000：6］．このように，内閣総理大臣が分担管理する行政事務をまとめた庁である総理庁には事業庁，政策庁，制度庁，調整庁としての多面的な性格があった．法務庁は法務庁設置法にあるように，検察事務，内閣提出の法律案，政令案および条例の審議であり，「恩赦，犯罪人の引渡，国籍，戸籍，外国人の登録，登記，供託，人権の擁護，行刑並びに司法保護に関する事項その他法務に関する事項」といった政府における法制を総合的に管理する責任を有していた制度庁で

ある．これら2つの庁は国家行政組織法の制定に伴い，総理府，法務府に改称された．
14) この時期に設置された特殊な庁として警察庁がある．具体的には，警察庁は国家行政組織法第8条の3に規定される特別の機関である．その設置を規定する警察法では，警察庁の権限を「① 警察に関する諸制度の企画・調査，② 警察に関する国の予算，③ 民心に不安を生ずべき大規模な災害または地方の静穏を害するおそれのある騒乱に係る事案で国の考案に係るものについての警察運営，④ 緊急事態に対処するための計画およびその実施，⑤ 皇宮警察，⑥ 警察教養，⑦ 警察通信，⑧ 犯罪鑑識，⑨ 犯罪統計，⑩ 警察装備，⑪ 警察職員の任用・勤務・活動の規準，⑫ そのほか警察行政に関する調整」である［広中 1968：130-31］．①，③，④から政策庁としての性格を，④，⑤，⑨，⑩から事業庁としての性格がある．また，警察庁長官は上記の①から⑬までの所掌事務に関し，自らの地方機関である管区警察局だけではなく，都道府県警察を指揮監督できる．すなわち，実施担当組織を備えているともいえる．
15) 厳密に言えば，警察庁は国家行政組織法第8条の3に基づく特別の機関であり，国家行政組織法第3条第2項に規定される庁とは異なる．しかし，ここでは逆コースと庁の設置の関係を十分に説明するために，警察庁も含めて考察する．
16) 仮に，原子力規制庁を分類するならば，原子力規制委員会の内部管理事務を実施する事業庁になるであろう．

第 7 章　行政責任論の展望

1. 各章における議論の要約

　以上，本書では行政責任論における事例研究の方針を示し，総合的な行政改革および行政組織の設置を対象に事例研究を実践した．研究の背景には，行政責任論の重要性に対する認識の低下があった．本書は，こうした行政責任論の現状に対してどのような影響を与えうるのか．最後に，全体的な総括を行う必要がある．まずは，各章ごとの到達点を振り返り，つぎに，本書全体の意義と課題を明確にしたい．

　第2章では，本書の全体像を明確にした．まず，アメリカ行政学および日本の行政学における行政責任論の展開を明確にした．アメリカ行政学の展開に関しては，西尾勝による整理を参考にしつつも，行政倫理研究およびアカウンタビリティ研究といった新しい研究領域がアメリカ行政学において確立している点を指摘した．また，日本の行政学では1950年代以降から，行政責任論の研究が蓄積されてきたという流れを整理した．質量ともに豊富な先行研究の存在，学会誌における特集，代表的な教科書における取り扱われ方から，現在の日本の行政学において行政責任論が確立していることを確認した．

　つぎに，行政責任論の先行研究のほとんどが理論研究であり，理論研究への偏重がもたらす問題を指摘した．理論研究とは，行政責任論の概念を洗練させることを目的とする研究の方針であった．第2章では，日本の行政責任論の先

行研究のほとんどが理論研究であること明確にした．さらに，理論研究への偏重が2つの問題の原因となるおそれがあると指摘した．第1に，行政責任論の概念が不適切な方向で発展していくおそれがある．第2に，行政責任論の意義に対する認識の低下をもたらすおそれがある．

最後に，行政責任論における事例研究の方針を明確にした．この方針では行政責任論の概念あるいは考え方を用いて行政活動の実態を把握することが目的となる．事例研究を蓄積していくことで，上述の2つの問題が解決される可能性があることを明確にした．具体的には，概念が応用されることで，概念の意義と限界が明確になり，その限界の克服が理論研究の方向になる．さらに，事例研究は行政学の多くの研究領域と同様の関心を有しているため，行政学と行政責任論における溝を埋める役割を果たす．

第3章および第4章では，総合的な行政改革を対象に事例研究を実施した．そこでは，レスポンシビリティおよびアカウンタビリティを用いた．2つの章における考察によって，責任概念の応用可能性を確認できたと考えている．すなわち，2つの責任概念に必要な修正を加えることによって，行政改革を独特の観点から考察できることが明確になった．

第3章では，日本の行政改革を対象にした事例研究を実施した．具体的には，第一臨調，第二臨調および行革会議の最終答申の内容を2つの責任概念を用いて読み解いた．その結果，日本における行政責任観の変遷の一端を明確にできたと考えている．

まず，第一臨調における行政責任観の把握を試みた．行政の近代化・合理化を掲げた第一臨調は，大規模な答申を政府に提出することになった．第3章および第4章ではレスポンシビリティを能力としての意味および範囲としての意味に分類した．こうした観点から，第一臨調の答申は2つのレスポンシビリティの拡大につながるものとして把握できる．この理由として，当時の高度経済成長の下で，多様な行政需要への対応が正当化されていた点があげられる．

つぎに，第二臨調における行政責任観を明確にした．第二臨調は「増税なき

財政再建」をスローガンに政策および事務事業の大幅な縮減を内容とする答申を提出した．この答申のなかで能力としてのレスポンシビリティは肯定されたが，範囲としてのレスポンシビリティは縮減すべきであるとされた．この主張の背景には，石油ショック以降の歳入の深刻な減少および諸外国における高福祉・高負担路線の見直しの流行があったことを説明した．

最後に，行革会議における行政責任観を明確にした．行革会議は「『この国のかたち』の再構築」をスローガンに，中央省庁等再編，独立行政法人制度の創設，政策評価制度の導入といった幅広い改革を提言した．このなかでも第一臨調および第二臨調とは異なり，行革会議ではアカウンタビリティの制度の導入に力点が置かれた．具体的には，行革会議は透明性の向上を答申の目標に位置づけ，情報公開制度，パブリック・コメント制度および政策評価制度の導入を提言した．この提言の背景には1990年代における55年体制の崩壊，国際化および行政のミスの続発があった点を指摘した．

第4章では，1980年代以降の先進各国における行政改革を対象に事例研究を実施した．1980年代以降，先進各国ではLetting Managers ManageおよびMaking Managers Manageといった2つのスローガンに基づく改革が進められている．行政責任論の概念を用いてこの行政改革を考察した先行研究は存在するが，包括的な観点から実施された研究はない．したがって，第4章では先行研究を統合するような包括的な研究を実施した．結果として，2つの責任概念を用いることで，2つのスローガンにおける責任の考え方を整理できた．また，実証的な先行研究とは異なる角度から先進各国における行政改革の問題を指摘できたと考えている．

当章では，2つのスローガンに含意されている行政の責任に対する考え方を2つの責任概念から整理した．この作業のために，前章と同様にレスポンシビリティを能力としての意味と範囲としての意味に分類するだけではなく，アカウンタビリティも手続としての意味と成果としての意味に分類した．これらの責任概念に基づいて包括的な観点から2つのスローガンと2つの責任概念との

対応関係を考察した．その結果，Letting Managers Manage と Making Managers Manage には2つの責任概念に対して同じ見解がある一方で，異なる見解もあることが明確になった．

さらに，先進各国における行政改革の問題点を指摘した．具体的には，3つの問題を指摘した．第1に，従来から指摘されてきたアカウンタビリティとレスポンシビリティのジレンマを先行研究よりも包括的な観点から明確にした．それだけではなく，レスポンシビリティの縮減の問題を指摘した．加えて，アカウンタビリティの併存といった問題を検討した．これらの問題を仮説として示すことによって，今後の事例研究のための発展的な課題を提示できたと考えている．

第5章および第6章では，行政組織の設置を対象にした事例研究を実施した．行政責任論の先行研究では責任確保の方法に関する概念の理論研究が中心であり，第3章および第4章ではそれらの概念を用いて総合的な行政改革を対象とする事例研究を実施した．しかし，行政の責任を研究するにあたっては，責任を確保する方法を論じるだけではなく，そもそも行政はどのような責任を確保すべきなのかを研究する必要がある．こうした考えから，庁の設置を対象に行政責任の内容を把握するための事例研究を実施した．

第5章では，予備的考察を行った．ここで予備的考察を実施した理由は行政改革と比べて，行政組織の設置と行政責任の関係が直観的に把握しにくいと考えたためである．考察の結果，行政組織の設置を行政責任論の観点から研究する際に考慮すべき点が明確になり，第6章での日本における庁の設置の歴史を対象とした事例研究を円滑に実施できた．くわえて，第6章以外の行政組織の設置を対象とした事例研究を進める際にも参考になりうる知見を産出した．

まず，この章では行政組織の設置をめぐる先行研究の課題を指摘した．行政組織の設置は行政法学および行政学において研究されてきた．これらの先行研究によって，行政組織の設置は多角的に研究されてきた．他方で，行政組織の設置の事例をめぐる規範的な議論に関する研究が進められていないという現状

を確認できた．第5章では，こうした研究は行政責任論における事例研究によって進められる点を指摘した．

つぎに，行政組織の設置が行政責任論の観点からどのように評価できるのかを明確にした．行政組織は行政活動の基本的な単位である．行政は国民および議会の重視する価値に新たに応答する必要が生じた場合には，行政組織を設置する．この点において，行政組織の設置は行政責任の契機である．第5章では，この定義を詳述するとともに，行政組織の設置を対象とした事例研究を実施するに当たって留意すべき3つの点を検討した．

最後に，行政組織の設置を対象とした事例研究を進める方針を検討した．ここでは，行政組織の設置の少数事例を研究すべきか，多数事例を研究すべきかを検討した．具体的には，2つの方針における利点および欠点を比較検討した．比較検討の結果，多数の行政組織の設置を事例にした研究を優先的に実施した方が望ましいと判断した．

第6章では，第5章の方針に基づいて日本における庁の設置を対象とした事例研究を実施した．研究上の問いは，内閣はどのような責任を確保するために庁を設置してきたのかであった．この問いに答えるために，2つの枠組みに基づく考察を行った．その結果，責任の内容という観点から，庁の設置の歴史を包括的に考察できたと考えている．

第1に，戦後から現在までを4つの時期に区分し，それぞれの時期において設置された庁に共通する責任の内容を特定する枠組みを用いた．具体的には，戦後から現在までを，1945年から1949年，1950年から1979年，1980年から2001年，2002年から2019年10月までに区分した．それぞれの時期における共通の責任は以下のとおりであった．1945年から1949年までは，戦後処理および行政基盤の整備が共通の責任であった．1950年から1979年までは，高度経済成長および外交の変化への対応が共通の責任であった．1980年から2001年までは，ガバナンスの再編が共通の責任であった．最後に，2002年から2019年10月に設置された庁は個別具体的な政策課題への対応を共通の責任としていた．

第2に，それぞれの庁が果たしてきた責任の内容を分類する枠組みを用いた．類型の項目は事業庁，政策庁，調整庁および制度庁の4つであった．事業庁とは個別具体的な事業の実施に責任を有する庁である．政策庁は自らの掲げた政策目標を実現するために政策対象に政策手段を適用する庁である．調整庁は，複数の省庁が関与する政策目標を達成するために，それぞれの省庁の活動を調整する庁である．制度庁は，行政横断的な制度の維持と管理に責任を有する庁であった．第6章では，この類型に基づいて，戦後から現在までに設置されてきたすべての庁を分類した．

　各章における検討の内容と到達点は，以上のように要約される．各章における到達点を整理することで，本書全体における意義と課題が明確になる．

2．本書の意義

　行政責任論における事例研究という方針の提示および実践といった作業こそが，本書が行政学に対して有する意義を生み出している．

　第1に，行政責任論における事例研究という方針を構想したことから生じる意義がある．第2章において，行政責任論の先行研究のほとんどが理論研究に含まれることを明確にした．そして，理論研究の問題を指摘するとともに，その問題を克服する方針として事例研究を提示した．この作業を通じて，行政学および行政責任論に対して2つの貢献ができたと考えている．

　まず，先行研究に共通するアプローチから理論研究という方針を抽出し，それを批判的に検討することで，行政責任論それ自体が抱える問題を体系的に指摘できた．行政責任論の先行研究では，行政責任論という研究領域それ自体にどのような問題があるのかが十分に議論されてこなかった．本書では理論研究という研究の方針を明確にし，行政責任論の先行研究のほとんどがそれに分類されることを確認した．そして，理論研究への偏重がもたらす問題を指摘することで，行政責任論が抱える全体的な問題を明確にした．行政責任論における

新しい研究方針を展開しようと試みる場合には，行政責任論の学説史を批判的に検討し，自らの方針の正当性を説明する必要がある．後続の研究にとって，本書で提示した理論研究への偏重という問題は，学説史を批判的に検討する際の1つの観点になりうる．このような観点を産出した点に1つの意義がある．

つぎに，問題を提示するだけではなく，その解決のために行政責任論における事例研究の方針を提示した．理論研究という特定の方針のみに基づいて研究を進めることに問題があるならば，理論研究に修正を加えた方針，あるいは理論研究とは異なる方針を構想する必要がある．この必要性を考慮して，本書では事例研究の方針を提示した．この方針は，問題意識を同じくする後続の研究においても利用が可能である．さらに，後続の研究が蓄積されることによって，方針はより洗練されていく．このように，行政責任論における事例研究の方針を提示したことによって，行政責任論の研究の水準が向上することを期待できる．

第2に，本書では総合的な行政改革および行政組織の設置を対象に事例研究を実践した．事例研究を実施する目的は，行政責任論における概念および考え方の応用可能性の確認にあった．もう1つの目的として，行政責任論の重要性に対する認識の再評価があった．

まず，本書における事例研究を通じて，行政責任論の概念および考え方の応用可能性が確認できた．第3章および第4章ではレスポンシビリティとアカウンタビリティを修正した考察の枠組みを用いた．第6章では，行政責任の内容という観点から，内閣による庁の設置の歴史を考察した．各章の具体的な成果は前節で指摘したとおりである．これらの成果から，行政責任論の概念および考え方は，事例となる行政活動に応じて一定の修正を加えることで，行政活動の実態を把握するための適切な手段になることを示すことができたと考える．先行研究では行政責任論の概念あるいは考え方の応用可能性が確認されてこなかったため，本書には今後の行政責任論の展開にとって重要な意義がある．

つぎに，行政責任論の重要性の再評価につながる考察ができたと考えている．

第1章および第2章において，事例研究は行政の制度，組織，政策に関する実態の把握に関心がある行政学の多くの研究領域と理論研究に偏重した行政責任論との間の関心の違いを埋める方針になりうると指摘した．この点に留意して，本書では総合的な行政改革および行政組織の設置を事例に選択した．これらのテーマは行政の研究および実務において重要な課題である．本書ではこれらの行政活動に対して，行政責任論が独自の観点から一定の結論を提示し，知見の蓄積に貢献できることを明確にした．今後，行政学における重要なテーマを対象に事例研究の成果が蓄積されるほど，行政学における多くの研究領域において行政責任論の知見が参照される可能性が高まる．それが行政学における行政責任論の意義に対する認識の普及につながるであろう．本書における行政改革および行政組織の設置に対する事例研究は，そうした展開の始点としての意義がある．

3．本書の課題

　本書には，多くの課題がある．各章における課題は，それぞれの章の末尾において指摘している．ここでは，本書の全体的な課題，それがもたらしうる問題，問題を解決するための方針を提示する．

　第1に，事例研究を実践した結果に基づいて方針を再検討する必要がある．第1章および第2章で示した行政責任論における事例研究の方針は，抽象的な思考によって形成されている．この方針を改良するにあたって，第3章以降における研究の成果を反映させる作業が必要になるであろう．反映を行うことで，事例研究の意義，事例研究の方向性，行政責任論の概念を事例に応じて修正する方法をより詳細かつ具体的に説明できるようになる．本書は，行政責任論における事例研究の実践の第一歩である．今後も事例研究を継続的に進めていくならば，今回の成果に基づいてその方針を改善しなければならない．

　第2に，本書における事例をよりミクロな事例に限定した研究を実施する必

要がある．本書でとりあげた総合的な行政改革および行政組織の設置といった事例は，ともにマクロな行政活動である．こうした行政活動を事例にすることで，行政の責任をめぐるさまざまな論点を鳥瞰的に把握できた．しかし，個別具体の行政活動に対しても，事例研究が有効であるのかを十分に確認できなかった．そこで，特定の国における予算制度改革，公務員制度改革，行政組織制度改革といった特定の行政改革の手法を考察する必要がある．また，日本の庁に関しても，ある特定の庁を対象とし，その設置の経緯および任務，所掌事務，政策といった責任の体系を考察するミクロ的な研究が必要になる．

　第3に，新たな事例に基づいて研究を進める必要がある．本書では，いくつかの理由から総合的な行政改革および行政組織の設置を事例にした．その結果，前節で指摘したような意義を産出できたと考えている．しかし，より多様な行政活動を事例とする研究を蓄積していくことで，より多くの研究領域において行政責任論の意義が再評価されることが望ましい．したがって，新たな事例に基づく研究が必要となる．テーマは多様に考えられるが，行政学における主要な研究課題であることが求められる．

　第4に，行政倫理研究を実施していく必要がある．第2章において，アメリカ行政学において行政責任論が展開される過程を概観した．そこにおいて，Friedrichの責任論を行政倫理研究が，Finerの責任論をアカウンタビリティ論が受け継いでいると指摘した．日本では政治学，行政学，経営学などのさまざまな学問分野においてアカウンタビリティ論に関する研究が蓄積されている．他方で，行政倫理研究に関しては，いくつかの先行研究が存在するのみである．片方の責任概念に基づく研究のみが進められ，それが実務に反映されることで，アカウンタビリティの逆機能が強められるおそれがある．こうした弊害を避けるためにも，行政倫理研究を実施していくことが必要になる．

あとがき

　本書の執筆の動機は，私の行政責任論への期待と失望にある．今更になっていうまでもなく，日本の行政は広範に活動する強力な主体である．行政が実質的に政治や政策を動かしているのではないか，そうだとすれば国民や国会は行政をいかにして統制することができるのか，統制が及ばない領域において行政の責任をどのように確保すべきなのかが大学に入学する前からの私の関心であった．したがって，私が同志社大学政策学部に入学し，山谷清志先生の行政責任論の講義に強く惹かれたことは自然な流れであった．行政責任論こそが私が抱いてきた疑問に答えてくれる研究領域だと思い，学部から修士まで行政責任論の文献を読み漁ってきた．

　しかし，本書で繰り返し批判してきたように，日本の行政責任論のほとんどの先行研究は責任概念の分類，整理，洗練のみに終始し，行政の責任に関する問題を具体的に議論する研究はきわめて少ない．また，他の行政学における研究領域との関心の違いが原因なのか，行政責任論の研究の公表数は年々減少している．このような状況において，自分が抱いてきた疑問に対する答えを求める前に，そもそも行政責任論という研究領域自体の意義を再評価する研究が必要になるのではないかと考え，行政責任論における事例を研究することにした．それが著者の博士学位論文「行政責任論の応用研究――行政改革および行政組織の設置を事例として――」であり，この博士学位論文を大幅に加筆修正したのが本書である．

　本書は拙い研究書ではあるが，公表までに多くの方々に御指導を受けた．すべての方の名前を記して感謝を述べることはできないが，とくにお世話になった方にはこの場を借りて御礼の気持ちを伝えたい．

　最初に，山谷先生に御礼を申し上げたい．山谷先生は政策学部で行政責任論

の講義を担当する教員であり，学部生の頃からの私の指導教員である．山谷先生がいなければ，私は同志社大学で行政責任論の講義を受講することもなければ，研究者としての道を選択することもなかったであろう．毎回のゼミにおいて，伝統的な行政学の観点から行政にかかわる最新の問題がどのように解釈できるのかを学生に熱心に伝えようとし，「教育は手段，学問は生き方」という言葉通りに，休日にもかかわらず自らの研究を進めたり，私の研究上の相談を聞いてくださったりする先生は私にとっての理想の研究者である．私は相当にできが悪いくせに，やたらと反抗してくる弟子であったかもしれないが，これからも先生の御指導を受けた者として恥じないように自己の研鑽に励みたいと考えている．

今川晃先生，真山達志先生および風間規男先生には，修士論文から博士論文に至るまでの審査の過程で多くの御助言をいただいてきた．とくに，今川先生には学部生の頃から私生活から研究までさまざまな相談をさせてもらった．先生は2016年9月に逝去されたが，いただいた多くの御助言は今も私の糧になっている．風間先生には，博士論文の公表に至るまで，概念の整理が甘くなりがちな私に対して，概念の有する限界を常に留意して研究するように御指導いただいた．真山先生からは，行政組織，行政改革，行政責任を論じる際に多くの行政学者が直面する課題を御提示いただいた．各先生からのコメントによって私の博士論文は恥ずかしくないレベルになったのではないかと考えている（当然のことながら，なおも残る本書の問題に対する責任は私にある）．

月村太郎先生にも貴重な機会をいただいた．学部生の頃に先生のサブゼミへの参加をお許しいただき，グループワークの進め方を知ることができた．また，外書講読の講義を通じて専門的な論文を精読する手法を御教授いただいた．さらに，修士課程ではセルビアでの国際学会において報告する機会までもいただいた．修士課程の段階で英語での報告を行ったことは私の大きな財産となっている．留学をしたことはおろか海外旅行の経験すらもほとんどなかった私が何とか報告をすることができたのは，ひとえに月村先生とその一門の方々からの

丁寧な御指導があったからだと考えている．

　清水習先生（宮崎公立大学人文学部）には，先生が同志社大学政策学部の助教であった頃から，研究に関する相談相手になっていただいている．先生には，お互いの教育方法や研究の方向性を真剣かつざっくばらんに議論する場を何度も設けていただいた．それだけでなく，私が博士課程に在籍していた頃には，先生が企画された先進的な講義の補助をする機会をいただき，さまざまなことを学んだ．常に自分に対し厳しい課題を与え，成果を出し続けている清水先生には技術的な事柄だけではなく，研究者としての生き方に関する多くを教えられた．

　北村貴先生（名古屋商科大学経済学部）には，文章執筆の作法に関して厳しく，そして温かい御指導をいただいた．修士課程に入り，導入科目の段階で北村先生の文章作法および研究方法論の厳しい講義を受講できたことで，学部生の頃と同じ感覚で研究をしてはいけないと強く自分を戒めることができた．とくに北村先生には講義だけではなく私的な勉強会で論理的な文章の書き方，学会報告の仕方を集中的に教えていただいた．私の研究者としての基礎的かつ重要なスキルの多くは北村先生に負っている．

　平野大昌先生（名古屋市立大学経済学部）にも，同志社大学政策学部の学内研究会やお食事の場などを通じて多くのことを教えていただいた．先生は私にはなじみがない統計学の専門的な知識をお持ちで，学内研究会での報告の内容を先生と議論することで，経済学・統計学的な考えに触れることができ刺激になった．とくに，先生は公務員制度の労働経済学的な分析に関心を持っておられ，その研究の構想に関するお話を聞くことで，研究領域が違えば同じ行政でも見方も変わること，経済学的な研究のリサーチ・デザインを知ることができた．

　岡田彩先生（東北大学大学院情報科学研究科）にも，私が自身の研究報告および講義のスタイルを確立するにあたって有益な技術を教えていただいた．先生は論理性と分かりやすさを重視するプレゼンテーションを学生に指導しており，講義の補助者として傍で聞くことができたことは幸運であった．また，先生は

大人数の講義において学生の集中力を切らさないためのさまざまな工夫を取り入れており，その手法のいくつかは参考にさせていただいている．

　同志社大学総合政策科学研究科では教員の先生方以外の多くの方々にもお世話になった．

　大森晋氏（京都文教学園法人事務局長）は私と倍以上も年齢が離れてはいるものの，大学院において親しくさせていただいた同期であった．社会人大学院生は働きながら博士論文を完成させなければならない．そうした環境のなかで，大森氏はしっかりとした計画を立て，土日も研究を進めることで私よりも先に博士論文を提出された．大森氏の取り組みを間近で見ることができたため，私は総務省行政管理局で勤務しながらも何とか博士論文を提出できた．

　北川雄也氏（同志社大学政策学部助手）は，学部から博士課程まで山谷ゼミの同期であった．北川氏と私とは修士課程から博士課程まで，審査や学会報告で似たような困難に直面してきた．その度に，さまざまな研究上の悩み事を彼に相談することができた．また，博士課程に在籍していた頃は研究室の廊下で会うたびに，冗談を言い合っていた．同志社大学での研究生活をストレスなく終えることができたのも彼の存在が大きい．

　山谷ゼミの先輩や後輩にも様々な形で助けていただいた．とくに橋本圭多先生（神戸学院大学法学部）にはお世話になった．大学院では私の2学年上の先輩であった橋本先生の学内審査および研究報告を見て，自分がこれから行わなければならないことの大変さに対する心構えを持つことができた．また，その心優しい人柄から，先輩であるにもかかわらず，私の気さくな話し相手にもなっていただいたことには感謝している．

　総務省行政管理局のみなさまにも御礼を申し上げたい．私は2018年度から行政管理局で勤務する機会をいただいた．行政学を専門とする以上，研究の対象である行政組織の内部でどのように実務家の人びとは議論をすすめ，意思決定をされているのか直に触れる必要がある．行政管理局での勤務は，そのための最高の機会である．事務仕事が大の苦手である私は職場の方々には何かと御迷

惑をおかけしている．その点に関してこの場でお詫びとともに感謝を申し上げたい．

　晃洋書房の方々にも，お世話になった．とくに，丸井清泰氏にはお忙しい中出版までに必要な作業を進めていただいた．また，徳重伸氏には日本語として稚拙で問題が多い筆者の文章を丁寧に校正していただいた．お2人の支援がなければ，本書の公刊は大幅に遅れていたかもしれない．

　私が今日まで研究者生活を続けることができたのは，両親の支援によるところが大きい．最後に，大学院への進学を認め応援してくれた両親に感謝の気持ちを伝えたい．

　　2019年10月

　　　　　　　　　　　　　　　　　　　　　　　　　鏡　　圭佑

初出一覧

【第1章　行政責任論における事例研究の全体像】
書き下ろし

【第2章　行政責任論における事例研究の必要性】
「行政責任論における事例研究の必要性」『同志社政策科学研究』21(1)，2019年.

【第3章　日本における行政改革の事例研究】
「行政改革と行政責任——日本における行政責任観の変遷——」『同志社政策科学研究』19(1)，2017年.

【第4章　先進各国における行政改革の事例研究】
書き下ろし

【第5章　行政組織の設置と行政責任論の関係をめぐる予備的考察】
書き下ろし

【第6章　日本における庁の設置の歴史を対象とした事例研究】
書き下ろし

【第7章　行政責任論の展望】
書き下ろし

参 考 文 献

【日本語文献】

赤木須留喜［1966］「行政改革の論理と契機」『年報行政研究』5.
秋吉貴雄・伊藤修一郎・北山俊哉［2015］『公共政策学の基礎』新版，有斐閣.
麻生茂［1952a］「保安庁はどんな組織と機能をもっているか──新発足した保安庁の解説──」『旬刊時の法令解説』75.
─── ［1952b］「保安庁の概況について」『自治時報』5(11).
足立忠夫［1971］『行政学』日本評論社.
飯尾潤［2011］「内閣・官僚制──統治能力の向上問われる──」，佐々木毅・清水真人編『ゼミナール現代日本政治』日本経済新聞出版社.
市原昌三郎［1964］「行政手続」『ジュリスト』311.
伊藤斌［1955］『防衛年鑑昭和三十年版』防衛年鑑刊行会.
伊藤正次［2003］『日本型行政委員会制度の形成』東京大学出版会.
─── ［2015］「復興推進体制の設計と展開」，小原隆治・稲継裕昭編『震災後の自治体ガバナンス』東洋経済新報社.
伊藤正次・出雲明子・手塚洋輔［2016］『はじめての行政学』有斐閣.
今村都南雄［1976］「組織の分化と抗争」，辻清明編『行政学講座4──行政と組織──』東京大学出版会.
─── ［1978］『組織と行政』東京大学出版会.
─── ［2006］『官庁セクショナリズム』東京大学出版会.
宇賀克也［2019］『行政法概説Ⅲ──行政組織法／公務員法／公物法──』第5版，有斐閣.
─── ［2017］『行政法概説Ⅰ──行政法総論──』第6版，有斐閣.
後房雄［2002］「行政の任務」，福田耕治・真渕勝・縣公一郎編『行政の新展開』法律文化社.
内山鉄男編［1975］『戦後自治史 ⅩⅢ──地方税財政制度の改革（下巻の一）──』自治省自治大学校.
運輸省編［1980］『運輸省三十年史』運輸経済研究センター.
運輸省50年史編纂室編［1999］『運輸省五十年史』運輸省50年史編纂室.
江澤岸生・村上剛一・辻恭介・渡邉洋平［2006］「総説」，田中一昭編『行政改革』新版，ぎょうせい.
大来佐武郎［1984］「行政の国際化」『季刊行政管理研究』28.
大蔵省財政金融研究所財政史室編［1998］『大蔵省史──明治・大正・昭和── 第3巻』大蔵財務協会.
大嶽秀夫［1997］『「行革」の発想』TBSブリタニカ.

大森彌［1970］「行政における機能的責任と『グラス・ルーツ』参加（一）」『国家学会雑誌』83(1・2)．
───［1982］「臨調『基本答申』と『行政』の観念」『季刊行政管理研究』19．
───［1983］「行政組織の整理合理化」『ジュリスト』791．
───［2006］『官のシステム』東京大学出版会．
緒方勇一郎［1983］「第二臨調の答申について」『自治研究』59(5)．
岡本義朗［2008］『独立行政法人の制度設計と理論』中央大学出版部．
沖縄開発庁編［1993］『沖縄開発庁二十年史』沖縄開発庁．
科学技術広報財団編［2001］『科学技術庁史』科学技術広報財団．
鏡圭佑［2016］「日本における公務員倫理の課題──法令の遵守から自律的な判断へ──」『同志社政策科学院生論集』5．
───［2017］「行政改革と行政責任──日本における行政責任観の変遷──」『同志社政策科学研究』19(1)．
風間規男［1995］「行政統制理論の復権」『年報行政研究』30．
片岡寛光［1992］『行政の構造』早稲田大学出版部．
───［1998］「行政責任の位相」『年報行政研究』33．
加藤一明［1966］「行政における内部統制」，加藤一明・加藤芳太郎・佐藤竺・渡辺保男編『行政学入門』有斐閣．
───［1985］「行政改革──臨調に参画して──」『年報行政研究』19．
門松秀樹［2010］「第二臨調の設置と新自由主義」，笠原英彦編『日本行政史』慶應義塾大学出版会．
金井利之［2007］『自治制度』東京大学出版会．
加納隆［1974］『資源エネルギー庁』教育社．
河合晃一［2017］「行政組織の制度設計に関する研究動向」『金沢法学』59(2)．
環境庁20周年記念事業実行委員会編［1991］『環境庁二十年史』環境庁．
神崎勝一郎［2010］「省庁再編と構造改革」，笠原英彦編『日本行政史』慶応義塾大学出版会．
君村昌［1990］「英国における行政管理改革の動き」，総務庁長官官房企画課編『サッチャーの行政改革』行政管理研究センター．
───［2001］「現代行政改革の潮流とエージェンシー化の進展」，君村昌編『行政改革の影響分析─独立行政法人の創設と在り方』行政管理研究センター．
行政改革会議事務局OB会編［1998］『21世紀の日本の行政─内閣機能の強化・中央省庁の再編・行政の減量・効率化』行政管理研究センター．
行政管理研究センター［1979］『今後における政府・公共部門の在り方と行政改革』行政管理庁．
行政管理庁史編集委員会編［1984］『行政管理庁史』行政管理庁．

金融監督庁編［1999］『金融監督庁の一年』大蔵省印刷局．

久世公堯［1964a］「臨時行政調査会の歩みと行政改革の問題点（一）」『法律時報』36(6)．

―――――［1964b］「臨時行政調査会の歩みと行政改革の問題点（二）」『法律時報』36(7)．

久保木匡介［2016］「英国における学校評価システム――NPM型行政統制の構造と陥穽」『年報行政研究』51．

桑田耕太郎・田尾雅夫編［2010］『組織論』補訂版，有斐閣．

経済企画庁編［1997］『戦後日本経済の軌跡――経済企画庁50年史――』経済企画庁．

経済企画庁戦後経済史編纂室編［1964］『戦後経済史7――経済安定本部史――』大蔵省印刷局．

小池治［1998］「アメリカの行政改革」，片岡寛光編『国別行政改革事情』早稲田大学出版部．

厚生省援護局編［1977］『引揚げと援護三十年の歩み』厚生省．

国税庁編［2000］『国税庁五十年史』国税庁．

国土庁編［2000］『国土庁史』国土庁．

小坂紀一郎［1998］「行政責任の明確化と行政学の責任」『年報行政研究』33．

小早川光郎・藤田宙靖［1998］「対談――行政構造の変革――」『ジュリスト』1133．

小森敏也［2006］「中央省庁再編」，田中一昭編『行政改革』新版．

佐々木晴夫［1985］「臨時行政調査会の活動の経過と成果」『年報行政研究』19．

佐藤竺［1966］「臨調と官僚」『年報行政研究』5．

―――――［1983］「序」，行政管理研究センター編『行政責任の明確化に関する調査研究報告書』行政管理庁．

佐藤竺・蠟山政道［1964］「対談――行政改革のあり方と改革の主眼点――」『ジュリスト』311．

佐藤功［1986］『行政組織法』新版・増補，有斐閣．

社会保険庁二十五年史編集委員会編［1988］『社会保険庁二十五年史』全国社会保険協会連合会．

食糧庁食糧管理史編集室［1958］『食糧管理史――制度編・各論（上）――』統計研究会．

城山英明［2001］「行政改革体制と実施上の諸問題――行革会議の意義と課題――」『計画行政』24(2)．

水産庁50年史編集委員会編［1998］『水産庁50年史』水産庁50年史刊行委員会．

杉村敏正［1983］「行政手続制度」『ジュリスト』791．

総務庁史編集委員会編［2001］『総務庁史』ぎょうせい．

総務庁長官官房総務課編［1987-1991］『組織と政策――行政体系の編成と管理（2・3・4・5）――』行政管理研究センター．

総理府編［1960］『総理府Ⅴ』大蔵省印刷局．

総理府史編纂委員会編［2000］『総理府史』内閣総理大臣官房．

曽我謙悟［2013］『行政学』有斐閣.
田中一昭［1998］「アカウンタビリティ論考——行政改革委員会とアカウンタビリティ——」『年報行政研究』33.
———［2006］「中曽根行革・行革会議・小泉行革の体験的比較」『年報行政研究』41.
田中一昭編［2006］『行政改革』新版，ぎょうせい.
玉村雅敏［1998］「新公共経営（New Public Management）と公共選択」『公共選択の研究』31.
田村重信・外園博一・吉田正一・吉田孝弘編［2016］『防衛装備庁と装備政策の解説』内外出版.
地方自治百年史編集委員会編［1993］『地方自治百年史 第2巻』地方自治法施行四十周年・自治制公布百年記念会.
———［1993］『地方自治百年史 第3巻』地方自治法施行四十周年・自治制公布百年記念会.
通商産業省編［1962］『商工政策史 第3巻——行政機構——』商工政策史刊行会.
通商産業省通商産業政策史編纂委員会編［1992］『通商産業政策史 第4巻——第1期 戦後復興期3——』通商産業調査会.
———［1993］『通商産業政策史 第3巻——第1期 戦後復興期2——』通商産業調査会.
———［1994］『通商産業政策史 第7巻——第2期 自立基盤確立期3——』通商産業調査会.
辻清明［1951］「日本官僚制とデモクラシー」『年報政治学』2.
———［1966］『行政学概論（上巻）』東京大学出版会.
手島孝［1964］『アメリカ行政学』日本評論社.
特許庁編［1985］『工業所有権制度百年史（下巻）』発明協会.
内閣官房編［2005］『内閣制度百年史 下巻 追録 平成八年～平成十七年』内閣官房.
———［2015］『内閣制度百年史 下巻 追録 平成十八年～平成二十七年』内閣官房.
内閣官房消費者行政一元化準備室［2009］「消費者庁関連3法の概要」，斎藤憲道編『消費者庁—消費者目線で新時代の経営を創る』商事法務.
内閣制度130周年記念史編集委員会編［2015］『内閣制度130周年記念史——この10年の歩み——』内閣官房.
内閣制度百十周年記念史編集委員会編［1995］『内閣制度百年史 下巻 追録』内閣官房.
内閣制度120周年記念史編集委員会編［2005］『内閣制度120周年記念史——この10年の歩み——』内閣官房.
内閣制度百年史編纂委員会編［1985］『内閣制度百年史 下巻』内閣官房.
長浜政壽［1951］「現代官僚制とデモクラシー」『年報政治学』2.
中村祐司［2015］「スポーツガバナンスの新展開——スポーツ庁の設置と2020年東京五輪開

催に注目して——」『宇都宮大学国際学部研究論集』40.
新川達郎［1986］「レーガン政権の行政改革の基本理念」，行政管理研究センター編『行政改革の理念と実践—日本・アメリカ』行政管理研究センター．
―――［2000］「独立行政法人制度の意義と課題」，田中一昭・岡田彰編『中央省庁改革——行革会議が目指した「この国のかたち」——』日本評論社．
西尾隆［1995］「行政統制と行政責任」，西尾勝・村松岐夫編『講座行政学 第 6 巻——市民と行政——』有斐閣．
―――［1998］「行政のアカウンタビリティとその内在化——『応答的政府』への途——」『年報行政研究』33.
西尾勝［1966］「行政改革過程における『世論』の意義」『年報行政研究』5．
―――［1990］『行政学の基礎概念』東京大学出版会．
―――［2001］『行政学』新版，有斐閣．
日本行政学会編［1998］『行政と責任』ぎょうせい．
根岸毅［1967］「民主的官僚の概念」『法学研究』40(4)．
農林省林野庁編［1957］『国有林十年の歩み』農林省林野庁．
橋本圭多［2012］「政策過程における行政責任論の諸相——原子力政策をめぐる専門家のアカウンタビリティ——」『公共政策研究』12.
原田三朗［1999］『新・公務員倫理——行動のルールとモラル——』ぎょうせい．
―――［2007］『公務員倫理講義——信頼される行政のために——』ぎょうせい．
原田久［2016］『行政学』法律文化社．
廣重徹［2003］『科学の社会史（下）』岩波書店．
広中俊雄［1968］『戦後日本の警察』岩波書店．
福沢真一［2010］「戦後復興と第一次臨調の設置」，笠原英彦編『日本行政史』慶応義塾大学出版会．
福田耕治［1995］『現代行政と国際化——国際行政学への序説——』第 2 版，成文堂．
藤田宙靖［2005］『行政組織法』有斐閣．
古橋源六郎［1984］「行政改革概論」，行政管理研究会編『行政管理』ぎょうせい．
文化庁［1999］『新しい文化立国の創造をめざして——文化庁30年史——』ぎょうせい．
防衛施設庁史編さん委員会編［1973］『防衛施設庁史 第 1 巻』防衛施設庁総務部総務課．
―――［2007］『防衛施設庁史——基地問題とともに歩んだ45年——』防衛施設庁．
法務省編［2000］『法務行政の50年』法務大臣官房司法法制調査部司法法制課．
北海道開発庁50年史編纂委員会編［2000］『北海道開発庁50年史』北海道開発庁50年史編纂委員会．
堀部政男［1983］「行政情報公開とプライバシー」『ジュリスト』791.
毎熊浩一［1998］「NPM 型行政責任試論——監査とその陥穽に着目して——」『季刊行政管

理研究』81.
―――［2002］「NPM 型行政責任再論――市場式アカウンタビリティとレスポンシビリティの矛盾――」『会計検査研究』25.
―――［2003］「NPM 型行政責任再々論――管理式アカウンタビリティとレスポンシビリティの止揚――」『島大法学』45(4).
蒔田純［2016］「政府――議会関係から見た行政組織編成権に関する一考察――」『季刊行政管理研究』155.
牧原出［2009］『行政改革と調整のシステム』東京大学出版会.
増島俊之［1984a］「国家行政組織法改正の意義（上）――組織規制の弾力化――」『自治研究』60(2).
―――［1984b］「国家行政組織法改正の意義（下）――組織規制の弾力化――」『自治研究』60(3).
―――［2003］『行政改革の視点と展開』ぎょうせい.
松下圭一［1982］「行政改革の課題と臨調基本答申」『季刊行政管理研究』19.
真山達志［2017］「ポピュリズムの時代における自治体職員の行政責任」『年報行政研究』52.
村松岐夫［1964］「行政学における責任論の課題」『法学論叢』75(1).
―――［1974］「行政学における責任論の課題・再論」『法学論叢』95(4).
―――［1983］「第二臨調答申を採点する」『中央公論』1165.
―――［2001］『行政学教科書――現代行政の政治分析――』第 2 版，有斐閣.
毛桂栄［1994］「行政管理と総合調整――総務庁の設置に関連して――」『季刊行政管理研究』68.
森田朗［1987］「行政組織の編成過程に関する一考察――アメリカ環境保護庁の設立過程を例として――」『年報行政研究』22.
―――［2007］『制度設計の行政学』慈学社.
―――［2017］『新版 現代の行政』第一法規株式会社.
森田哲郎［1974］『林野庁』教育社.
盛山正仁［2012］『観光政策と観光立国推進基本法』ぎょうせい.
山口二郎［2007］『内閣制度』東京大学出版会.
山本清［2013］『アカウンタビリティを考える――どうして「説明責任」になったのか――』NTT 出版.
山谷清志［1991］「行政責任論における統制と倫理――学説史的考察として――」『修道法学』13(1).
―――［1994］「行政統制の理論――もう 1 つのアプローチ――」『法学新報』100(5・6).
―――［1995］「汚職の防止」，西尾勝・村松岐夫編『講座行政学 第 6 巻――市民と行政――』有斐閣.

――――[2002]「行政の評価と統制」，福田耕治・真渕勝・縣公一郎編『行政の新展開』法律文化社.

――――[2006]『政策評価の実践とその課題――アカウンタビリティのジレンマ――』萌書房.

――――[2012]『政策評価』ミネルヴァ書房.

郵政省編［1961］『続逓信事業史 第6巻――電波――』前島会.

――――[1963]『続逓信事業史 第1巻――総説――』前島会.

吉富重夫［1965］「臨時行政調査会の答申の意義」『都市問題研究』17(2).

臨時行政調査会［1964］「臨時行政調査会の答申」『自治研究』40(11).

臨時行政調査会 OB 会編［1983］『臨調と行革――2年間の記録――』文真社.

【外国語文献】

Aberbach, J. D. and Rockman, B. A. [2000] *In the Web of Politics : Three Decades of the U. S. Federal Executive,* Washington, D. C. : Brookings Institution Press.

Aucoin, P. [1990] "Administrative Reform in Public Management : Paradigms, Principles, Paradoxes, and Pendulums," *Governance,* 3(2).

Behn, R. D. [2001] *Rethinking Democratic Accountability,* Washington, D. C. : Brookings Institution Press.

――――[2003] "Why Measure Performance ? : Different Purposes Require Different Measures," *Public Administration Review,* 63(5).

Boston, J. [2013] "Basic NPM Ideas and Their Development," in T. Christensen, and P. Lægreid eds., *The Ashgate Research Companion to New Public Management,* Farnham : Routledge.

Bovens, M. [2005] "Public Accountability," in E. Ferlie, L. E. Lynn Jr. and C. Pollitt eds., *The Oxford Handbook of Public Management,* Oxford : Oxford University Press.

――――[2007] "Analysing and Assessing Public Accountability : A Conceptual Framework," *European Law Journal,* 13(4).

――――[2010] "Two Concepts of Accountability : Accountability as a Virtue and as a Mechanism," *West European Politics,* 33(5).

Bovens, M., Goodin, R. E. and Schillemans, T. eds., [2014] *The Oxford Handbook of Public Accountability,* Oxford : Oxford University Press.

Bowman, J. S. and West, J. P. [2015] *Public Service Ethics : Individual and Institutional Responsibilities,* Thousand Oaks : SAGE Publications Inc.

Brady, H. E. and Collier, D. [2010] *Rethinking Social Inquiry : Diverse Tools, Shared Standards,* Second Edition, Lanham : Rowman & Littlefield Publisher, Inc.（泉川泰

博・宮下明聡訳『社会科学の方法論争――多様な分析道具と共通の基準――』原著第2版, 勁草書房, 2014年).
Burke, J. P. [1986] *Bureaucratic Responsibility*, Baltimore: The John Hopkins University Press.
Cepiku, D. and Savignon, A. B. [2011] "Governing Cutback Management: Is There a Global Strategy for Public Administrations?," *International Journal of Public Sector Management*, 25(6/7).
Christensen, T. and Lægreid, P. [2002] "New Public Management: The Puzzles of Democracy and the Influence of Citizens," *The Journal of Political Philosophy*, 10 (3).
Christensen, T. and Lægreid, P. [2013] "Introduction," in T. Christensen, and P. Lægreid eds., *The Ashgate Research Companion to New Public Management*, Farnham: Routledge.
Cooper, T. L. [2012] *The Responsible Administrator: An Approach to Ethics for the Administrative Role*, Sixth Edition, San Francisco: Jossey-Bass.
Daniels, M. R. [1997] *Terminating Public Programs: An American Political Paradox*, Armonk: M. E. Sharpe.
DeLeon, L. [1998] "Accountability in a 'Reinventing Government'," *Public Administration*, 76(3).
Dimock, M. E. [1936] "The Role of Discretion in Modern Administration," in J. M. Gaus, L. D. White and M. E. Dimock eds., *The Frontiers of Public Administration*, Chicago: University of Chicago Press.
Dunsire, A. and Hood, C. [1989] *Cutback Management in Public Bureaucracies: Popular Theories and Observed Outcomes in Whitehall*, Cambridge: Cambridge University Press.
Eklund, N. and Wimelius, M. E. [2008] "Globalization, Europeanization, and Administrative Reform," in J. Kililan and N. Eklund eds., *Handbook of Administrative Reform: An International Perspective*, Boca Raton: CRC Press.
Finer, H. [1936] "Better Government Personnel," *Political Science Quarterly*, 51(4).
―――― [1941] "Administrative Responsibility in Democratic Government," *Public Administration Review*, 1(4), reprinted in W. M. Bruce ed. [2001] *Classics of Administrative Ethics*, Boulder: Westview Press.
Frederickson, H. G. [1971] "New Public Administration," in M. Frank ed. *Toward a New Public Administration: The Minnowbrook Perspective*, Scranton: Chandler Pub.
―――― [1980] *New Public Administration*, Alabama: University of Alabama Press.

―――― [2010] *Social Equity and Public Administration: Origins, Developments, and Applications*, Armonk: M. E. Sharpe.

Friedrich, C. J. [1935] "Responsible Government Service under the American Constitution," in C. J. Friedrich, W. C. Beyer, S. D. Spero, J. F. Miller and G. A. Graham eds., *Problem of the American Public Service*, New York: McGraw-Hill.

―――― [1940] "Public Policy and the Nature of Administrative Responsibility," in C. J. Friedrich and E. S. Mason eds., *Public Policy 1*, Cambridge: Harvard University Press.

Gaus, J. M. [1936] "The Responsibility of Public Administration," in J. M. Gaus, L. D. White and M. E. Dimock eds., *The Frontiers of Public Administration*, Chicago: University of Chicago Press.

George, A. L. and Bennett, A. [2005] *Case Studies and Theory Development in the Social Sciences*, Cambridge: The MIT Press.（泉川泰博訳『社会科学のケース・スタディ――理論形成のための定性的手法――』勁草書房, 2013年).

Gilbert, C. E. [1959] "The Framework of Administrative Responsibility," *The Journal of Politics*, 21(3).

Gregory, R. [2003] "All the King's Horses and All the King's Men: Putting New Zealand's Public Sector Back Together Again," *International Public Management Review*, 4(2).

Halachmi, A. [2014] "Accountability Overloads," in M. Bovens, R. E. Goodin and T. Schillemans eds., *The Oxford Handbook of Public Accountability*, Oxford: Oxford University Press.

Hood, C., Dunsire, A. and Huby, M. [1988] "Bureaucracies in Retrenchment: Vulnerability Theory and the Case of UK Central Government Departments 1975-85," *Administration & Society*, 20(3).

Hood, C., James, O., Jones, G., Scott, C. and Travers, T. [1998] "Regulation Inside Government: Where New Public Management Meets the Audit Explosion," *Public Money and Management*, 18(2).

Hughes, O. E. [2012] *Public Management & Administration: An Introduction*, Fourth Edition, New York: Palgrave.

Kettl, D. F. [1997] "The Global Revolution in Public Management: Driving Themes, Missing Links," *Journal of Policy Analysis and Management*, 16(3).

Koppell, J. G. S. [2005] "Pathologies of Accountability: ICANN and the Challenge of 'Multiple Accountabilities Disorder'," *Public Administration Review*, 65(1).

Lægreid, P. [2014] "Accountability and New Public Management," in M. Bovens, R. E.

Goodin and T. Schillemans eds., *The Oxford Handbook of Public Accountability*, Oxford: Oxford University Press.

Lewis, C. W. and Gilman, S. C. [2012] *The Ethics Challenge in Public Service: A Problem-Solving Guide*, Third Edition, San Francisco: Jossey-Bass.

Loeffler, E. and Staite, C. [2016] "Managing People and Organizations: Structures, Processes and Cultures," in T. Bovaird, and E. Loeffler eds., *Public Management and Governance*, Third Edition, London: Routledge.

Lowi, T. J. [1979] *The End of Liberalism: The Second Republic of the United States*, Second Edition, New York: Norton. (村松岐夫監訳『自由主義の終焉——現代政府の問題性——』木鐸社, 1981年).

March, J. G. and Olsen, J. P. [1995] *Democratic Governance*, New York: Free Press.

Mosher, F. C. [1982] *Democracy and the Public Service*, Second Edition, New York: Oxford University Press.

Mulgan, R. [2003] *Holding Power to Account: Accountability in Modern Democracies*, New York: Palgrave.

OECD [1995] *Governance in Transition: Public Management Reforms in OECD Countries*, Paris: OECD.

―――― [2005] *Modernising Government: The Way Forward*, Paris: OECD. (平井文三訳『世界の行政改革——21世紀型政府のグローバル・スタンダード——』明石書店, 2006年).

―――― [2017] *Government at a Glance 2017*, Paris: OECD.

Painter, M. and Pierre, J. [2005] "Conclusion," in M. Painter and J. Pierre eds., *Challenges to State Policy Capacity: Global Trends and Comparative Perspectives*, London: Palgrave.

Pandey, S. K. [2010] "Cutback Management and the Paradox of Publicness," *Public Administration Review*, 70(4).

Patil, S. V., Vieider, F. and Tetlock, P. E. [2014] "Process versus Outcome Accountability," in M. Bovens, R. E. Goodin and T. Schillemans eds., *The Oxford Handbook of Public Accountability*, Oxford: Oxford University Press.

Peters, G. B. [2009] *The Politics of Bureaucracy: An Introduction to Comparative Public Administration*, Sixth Edition, New York: Routledge.

Pollitt, C. [2003] "Joined-up Government: A Survey," *Political Studies Review*, 1(1).

Pollitt, C. and Bouckaert, G. [2011] *Public Management Reform: A Comparative Analysis-New Public Management, Governance, and the Neo-Weberian State*, Third Edition, Oxford: Oxford University Press.

Radin, B. A. [1998] "The Government Performance and Results Act (GPRA): Hydra-Headed Monster or Flexible Management Tool ?," *Public Administration Review*, 58 (4).

Raudla, R., Savi, R. and Randma-Liiv, T. [2015] "Cutback Management Literature in the 1970s and 1980s: Taking Stock," *International Review of Administrative Sciences*, 81 (3).

Rhodes, R. A. W. [1994] "The Hollowing out of the State: The Changing Nature of the Public Serice in Britain," *The Political Quarterly*, 65(2).

Rohr, J. A. [1989] *Ethics for Bureaucrats: An Essay on Law and Values*, Second Edition, New York: Marcel Dekker.

Romzek, B. S. [2000] "Dynamics of Public Sector Accountability in an Era of Reform," *International Review of Administrative Sciences*, 66(1).

Romzek, B. S. and Dubnick, M. J. [1987] "Accountability in the Public Sector: Lessons from the Challenger Tragedy," *Public Administration Review*, 47(3).

Self, P. [1977] *Administrative Theories and Politics: An Enquiry into the Structure and Processes of Modern Government*, Second Edition, London: George Allen & Unwin. (片岡寛光監訳『行政官の役割』成文堂, 1981年).

Thompson, V. A. [1975] *Without Sympathy or Enthusiasm: The Problem of Administrative Compassion*, Alabama: The University of Alabama Press.

Xu, Y. and Chan, J. L. [2016] "Financial Management in Public Sector Organizations," in T. Bovaird, and E. Loeffler eds., *Public Management and Governance*, Third Edition, 104-15, London: Routledge.

Zegans, M. D. [1997] "The Dilemma of the Modern Public Manager: Satisfying the Virtues of Scientific and Innovative Management," in A. A. Altshuler and R. D. Behn eds., *Innovation in American Government: Challenges, Opportunities, and Dilemma*, Washington, D. C.: Brookings Institution Press.

索　引

〈アルファベット〉

Clinton, B.　69
Cutting Red Tape　91
F-F 論争　13
GPRA（Government Performance and Results Act）　76
Letting Managers Manage　78, 81, 86, 89
Making Managers Manage　78, 79, 83
NPG（New Public Governance）型　73
NPM（New Public Management）　19, 65, 95
NPM 型　73
NWS（Neo-Weberian State）型　73
OECD（Organization for Economic Co-operation and Development）　72
Reagan, R. W.　72
Thatcher, M. H.　72
　──政権　88
WB（World Bank）　72

〈ア　行〉

アカウンタビリティ　11, 39, 45, 50, 55, 57, 69, 105, 111
　管理式──　65
　──研究　17
　市場式──　65
　成果に基づく──　70, 82, 84, 91
　手続に基づく──　70, 82, 83, 91
　──の過剰　40
　──の併存　90
新しい行政学運動　15
池田勇人　42
エージェンシー化　77, 78, 81, 82, 86
沖縄返還　140, 141

〈カ　行〉

外局　119
概念　23
活動の段階　105, 106

ガバナンス（の）再編　144, 145
規制緩和　77, 79, 83
規制撤廃　78, 81, 86
機能的責任　14
逆コース　140, 141
行革会議（行政改革会議）　4, 51, 145, 158
行政改革委員会　56
行政学　100, 103
行政基盤の確立　141
行政基盤の再整備　134
行政国家　13
行政需要　45
行政責任　28, 103
行政責任の契機　30, 107
行政責任の実践　28, 35
行政責任の内容に関する事例研究　26
行政責任論　1, 10, 167, 169
　──における事例研究　1, 25, 26, 166-168
　──における事例研究の意義　26
行政責任を確保する方法に関する研究　11
行政組織　60
　──および公務員の定数削減　83
　──制度改革　75
　──による責任確保の過程　104
　──の設置を対象にした事例研究　3, 30
　──編成権　100
行政組織が追求する価値の衝突の可能性　109
行政組織の設置における責任概念の混在　110
行政による専制　14
行政の近代化・合理化　42
行政の守備範囲論　39, 69
行政の責任領域の見直し　47
行政の任務の変動性　107
行政法学　99
行政倫理研究　11, 16, 169
業績監査　79
業績測定　76, 77, 79, 84, 87
業績目標の導入　77

経済的な環境の変化　139
経済の安定化　133
公共選択論　79, 83
高度経済成長　45, 139
公務員および行政組織の数の削減　76
公務員制度改革　74
公務員の不祥事　52
国家行政組織法　44, 49, 118, 134
「この国のかたち」の再構築　52
個別具体的な政策課題への対応　149
根本的な価値　104-106, 110

〈サ　行〉

再軍備　140
歳出削減型の行政改革　72
財政危機　72
削減型行政改革　88, 153
佐藤喜一郎　42
サンフランシスコ講和条約　140
事業庁　126, 129, 133-135, 141, 152, 153, 158
実施担当組織　126
実施庁　158
社会的公平　11
集権化　79, 86
受動的な対応　149
情報公開　76
　　――法　56
所掌事務　39, 69, 103, 104, 121
事例研究　25, 157
新憲法の制定　134
政策　69, 105
　　――手段　105, 126, 127
　　――庁　126, 131, 136, 149, 153, 158
　　――の企画立案と実施の分離　54, 55
　　――の失敗　52
　　――評価　55, 56
　　――評価法　56
　　――目標　105, 126
政治的責任　14
政治的な環境の変化　140
制度庁　127, 131, 134, 137
責任確保の方法に関する事例研究　26
責任の内容に関する研究　10

石油ショック　47, 50, 72
セクショナリズム　109
設置の段階　104, 106, 107
設置法　120
戦後処理　132
専門性　39, 68
占領軍の資源の調達　134
総合的な行政改革を対象にした事例研究　3, 27
増税なき財政再建　47
組織内分権　78, 81, 86
組織法　99

〈タ　行〉

第一臨調（第一次臨時行政調査会）　4, 42
第五次行政審議会　42
第三次臨時行政改革推進審議会　56
大臣庁　120
体制の価値　11
第二次世界大戦　132
第二臨調（第二次臨時行政調査会）　4, 46, 144, 153
多数の行政組織の設置を事例にする研究　113
治安維持機能の見直し　140
中央省庁再編　54, 55, 106, 122, 145
調整庁　127, 132, 137, 153
手続から成果へ　91
手続きの緩和　39, 68
特定の行政組織の設置を対象とする研究　112
特別な機関　120
特別の機関　120, 158
独立行政法人　55, 153
土光敏夫　47

〈ナ　行〉

内閣府設置法　118
中曽根康弘　46
日本国憲法　132
任務　104
年報行政研究　20
能動的な対応　149

〈ハ　行〉

賠償　133
橋本龍太郎　51
パブリック・コメント制度　56
東日本大震災　149
引揚げ　133
評価の段階　105, 106
復員　133
フレーム予算　77
プログラム　105
ブロック予算　77
分権化　75

〈マ・ヤ行〉

毎熊浩一　65

水野清　52
民営化　48, 53, 55, 64, 72, 77, 79, 82, 83
予算制度改革　74

〈ラ　行〉

理論研究　21, 166
　――への偏重　22, 23
レスポンシビリティ　12, 37, 57, 68, 105, 111
　――とアカウンタビリティのジレンマ　85
　能力としての――　39, 44, 49, 54, 68, 69, 81, 83, 89
　――の縮減　88
　範囲としての――　39, 44, 49, 55, 69, 81, 83, 89
蝋山政道　44, 46

《著者紹介》

鏡　圭佑（かがみ　けいすけ）
　1991年　三重県津市生まれ
　2013年　同志社大学政策学部卒業
　2019年　同志社大学大学院総合政策科学研究科博士後期課程修了，博士（政策科学）
　現　在　総務省行政管理局 職員（任期付）
　　　　　関東学院大学経済学部 非常勤講師

主要業績
「日本における公務員倫理の課題──法令の遵守から自律的な判断へ──」『同志社政策科学院生論集』5，2016年.
「行政改革と行政責任──日本における行政責任観の変遷──」『同志社政策科学研究』19(1)，2017年.
「行政責任論における事例研究の必要性」『同志社政策科学研究』21(1)，2019年.

ガバナンスと評価 9
行政改革と行政責任

2019年11月20日　初版第1刷発行　　＊定価はカバーに表示してあります

著　者　鏡　　圭　佑 ©
発行者　植　田　　実
印刷者　江　戸　孝　典

発行所　株式会社　晃洋書房
〒615-0026 京都市右京区西院北矢掛町7番地
電話　075(312)0788番(代)
振替口座　01040-6-32280

装丁　クリエイティブ・コンセプト　　印刷・製本　共同印刷工業㈱
ISBN978-4-7710-3265-1

JCOPY 〈(社)出版者著作権管理機構 委託出版物〉
本書の無断複写は著作権法上での例外を除き禁じられています．
複写される場合は，そのつど事前に，(社)出版者著作権管理機構
(電話 03-5244-5088, FAX 03-5244-5089, e-mail: info@jcopy.or.jp)
の許諾を得てください．

橋本 圭多 著 公共部門における評価と統制	A5判 202頁 定価2,600円（税別）
山谷 清秀 著 公共部門のガバナンスとオンブズマン ――行政とマネジメント――	A5判 256頁 定価2,800円（税別）
北川 雄也 著 障害者福祉の政策学 ――評価とマネジメント――	A5判 232頁 定価2,800円（税別）
原田 徹 著 EUにおける政策過程と行政官僚制	A5判 314頁 定価3,200円（税別）
西山 慶司 著 公共サービスの外部化と「独立行政法人」制度	A5判 228頁 定価3,200円（税別）
渋谷 典子 著 NPOと労働法 ――新たな市民社会構築に向けたNPOと労働法の課題――	A5判 212頁 定価2,700円（税別）
李 玲珠 著 韓国認知症政策のセオリー評価	A5判 204頁 定価3,500円（税別）
内藤 和美・山谷 清志 編著 男女共同参画政策 ――行政評価と施設評価――	A5判 258頁 定価2,800円（税別）
岩満 賢次 著 若年生活困窮者支援とガバナンス	A5判 162頁 定価2,800円（税別）

＝＝＝＝ 晃 洋 書 房 ＝＝＝＝